刘兰芳的艺术世界

LIU LANFANG'S
ART WORLD

邵秋实———著

春风文艺出版社
·沈 阳·

图书在版编目（CIP）数据

刘兰芳的艺术世界/邵秋实著. —沈阳：春风文艺出版社，2024.1
ISBN 978-7-5313-6614-0

Ⅰ.①刘… Ⅱ.①邵… Ⅲ.①刘兰芳—传记 Ⅳ.①K825.78

中国国家版本馆CIP数据核字（2024）第005372号

春风文艺出版社出版发行
沈阳市和平区十一纬路25号　邮编：110003
辽宁新华印务有限公司印刷

责任编辑：姚宏越	责任校对：陈　杰
封面设计：郝　强	幅面尺寸：170mm × 240mm
字　　数：272千字	印　　张：17.5
版　　次：2024年1月第1版	印　　次：2024年1月第1次
书　　号：ISBN 978-7-5313-6614-0	定　　价：68.00元

版权专有　侵权必究　举报电话：024-23284391
如有质量问题，请拨打电话：024-23284384

序：散记兰花分外香

卯兔年2月28日，阳春初上，王印权老师给我打来电话，说是刘兰芳的助理邵秋实写了几十篇散记《我给刘兰芳当助理》，想出本书，让我给写个序言。当时我有点蒙，给著名评书大师刘兰芳著书让我作序，我哪有这个资格和能力呀？王老师对我说："别客气了，你了解刘兰芳，作序没问题。"王老师这样信任，我也不好推辞了，但心里仍有很大的压力。

翻看着这60多篇散记，我动容了。邵秋实是幸运的，她出生在鞍山这个曲艺之乡，早年与刘兰芳、王印权夫妇同在鞍山歌舞团工作，还当过团里的报幕员。她如此了解刘兰芳，刘兰芳又如此信任她，近水楼台先得月，这种天然的缘分和缔造凝结起来的情谊，都在不言之中。翻看着这些书稿，我对邵秋实产生了敬意，这个助理太不简单了，她不仅细心、全面地照顾兰芳主席常年外地演出和出席众多活动，还能抽出时间写出这么多散记，真实是个有心人、有情人，充满了对刘兰芳的爱戴与崇敬。爱屋及乌，可能是常年在刘兰芳身边耳濡目染的熏陶，她对中华文化产生浓重的情怀，对人、对事的痴爱，才在她的心中生起无穷的力量，何况她也是个古稀之年的老人了，产生这样的爆发力可想而知。

这60多篇散记，文字虽然质朴，但又非常细腻，很有温度，好多故事对我来说,好像似曾相识,又新鲜夺目,每篇文章像铀核裂变,又延伸出多彩的华章,多视觉、多角度,让我们看到了一个立体的刘兰芳、多彩的刘兰芳、铭铭的刘兰芳、真实的刘兰芳。这些文章,像一股清流注入了我的大脑。过去总以为自己和兰芳主席相识近20年,对她已很熟悉、很了解了,看了这些文章才真正认识到,那只是小巫见大巫,我对兰芳主席又有了全新的认识:

她用作品为自己立了身。兰芳主席出生在评书世家,童年开始就跟母亲、姨妈学东北大鼓、评书,可以说中华文化早已植入她的心田。在多年的磨炼中,她把说唱东北大鼓和学评书、说评书看成自己的命、自己的血,并养成了勤奋创作、靠作品立身的不懈追求。她14岁就登台表演,传统段子在她的艺术生涯中打下了坚实基础,在多篇散记中都有这样的叙述。20世纪70年代末80年代初,积压多年的创作能量终于迸发出来,《岳飞传》一炮打响,红遍大江南北,全国电台一个声音,全是刘兰芳说书的风采,万城空巷,连社会治安都出现好转。刘兰芳也因此受调北京,担任中国曲协、中国文联的领导。可她把说书创作当成自己的天职,北京在职期间,仍创作了11部大书。我就收获了兰芳主席亲自签名赠送的新书《呼家将》《杨家将》《薛家将》《岳家将》等反映爱国主义思想的大作。

她退休后仍不停息,生命不息,创作不止。散记中披露,刘兰芳、王印权两人早已坚定信念,一年要创作出一部大书,从艺60年,他们已创作出40部新作品。每天都要创作到深夜,她家里的电视几个月也不打开。深入生活、深入群众、紧跟时代是刘兰芳创作的源泉,外出演出一有空隙,就抓紧深入当地的历史文化场馆,吸吮、了解当地风土人情,算盘、烧酒、瓷器、茶叶、名人文化以及脱贫攻坚全部积于一心,近耄耋之年,每天花费50元,仍然学习网络小说,至今观看1000多集。我记得她来宝坻三次,听说文化广场有赵丽蓉铜像,大清早起来参观;听说宝坻将辽代建筑"广济寺"复建,她即刻去了广济寺参观,称赞大寺建得好。当僧人心静师父介绍佛教知识时,兰芳主席不仅侧耳细听,还不时插话,讲解起来,那丰富的历史文化知识,让在场的佛家僧人和游客赞不绝口。她得知宝坻是京东大鼓的发祥地,与爱人王印权一起,连夜创作京东大鼓《宝坻英杰》,用京东大鼓的曲调,唱出宝坻深厚的历史文化和马季、赵丽蓉、董湘昆等名人、英杰趣事。秋实散记中，有多篇记录了刘兰芳这方面的故事。不断丰富自己，积累创作灵感，她把昆曲、京剧、话剧、快板等剧种曲种也吸收过来，为我所用。近些年，她创作了大量的新作品，有历史题材的《大汉刘邦》，红色经典《彭大将军》《抗联故事》，又有道德模范《大孝唯忠——黄旭华》《草原雄鹰——拉齐尼·巴依卡》。2022年我国成功举办冬奥会，她是冬奥冠军徐梦桃的姨姥姥，而且徐梦桃这个名字就是刘兰芳给起的。她怀着家国情怀，潜心创作，披露徐梦桃为国争光鲜为人知的故事，成了冬奥会的宣传大使，振奋了国人精神，《刘兰芳的冬奥情结》《今夜无眠》等文章，全面叙述了故事的原委，让读者一睹为快。

她用行动为自己立了言。读这些散记，无形中看到刘兰芳服务基层、服务人民演出灵动的影子。她就像一部不停的机器，把油门总是踩到底，高速转动，永不停歇，既是空中飞人，又是高铁常客。秋实的散记90%的文章都是从刘兰芳每次外地演出坐高铁、坐飞机开始写起的，虽然写法上有些重复、古板，但她忠实记录了主人公活动的轨迹，这些轨迹是有温度、有责任和使命担当的，也充分表明刘兰芳一时一刻舍不得离开她的观众的为民情结。《刘兰芳巫溪之行》《第七届道德模范巡演》等散记，都记录她演出几次换乘，空中导航的精彩片段。而《值得回味的一次出行》讲述她从北京出发到内蒙古演出，那里冰天雪地穿的都是棉衣，而后有关部门紧急通知要她去南方演出，她只得返回北京，告诉老伴王印权把去苏州演出的行李带过来，不回家在机场换装，15点30分，直接踏上南行上海的航班，飞机到达上海虹桥机场又乘坐汽车来到苏州。

这么多年，刘兰芳积极参加许多公益演出和重要活动，而且这些活动雷打不动，她经常挂在嘴边的一句口头禅："我是党培养出来的，要懂得感恩！"毫不夸张地说，她演出的足迹跨越了祖国的山山水水，她到过红色圣地，她到过阅兵训练场，她到过安源煤矿，她到过偏远的山寨农村，她到过老山前线的猫耳洞为几个前线阵地的战士演出，她到过极贫困的地区演出，每次演出她都深入到户，访贫问苦，她就像一个慈善使者，力所能及地帮助这些需要帮助的人。《怀远之行》披露了20世纪80年代初,《岳飞传》一炮打响后,安徽怀远县县长给刘兰芳写了一封信,并派文化馆馆长带信邀请刘兰芳到怀远演出。这是个极度贫困县,刘兰芳二话没说,"既然群众这样信任我,需要我,我就去",并给这个陈馆长写了字据,让他到县长面前好交差。就这样,刘兰芳带领鞍山曲艺团先后在怀远11个乡镇演出两个月,当时演出都是在上万人的露天搭台演出,票价每人是1角钱,最终演出收入9万元,拿出7万元,帮助这个贫困县建起了第一个文化馆,2万元补充了团里经费。事后多年,刘兰芳重访故地感慨万千。

刘兰芳的演出很接地气,她总是把当地文化和新人、新事"现挂"融入自己的作品,与当地观众产生互动共鸣。《徐州之行》叙述了刘兰芳在徐州贾汪区马庄村"文化进万家启动"演出。马庄村有全国美丽村庄之称,中央领导考察来过这个村,其间参观了张秀英香包工作室,并花了30元当场买了个香包。这意外的故事太珍贵了,刘兰芳随即把这个故事"现挂"到作品里,引得该村村民雷鸣般的掌声。演出结束后,刘兰芳来到这个工作室,得知张秀英做香包每年盈利20万元,非常高兴,即兴给她说了评书小段,感动得张秀英赠送给她一个中央领导曾经买的同款棒棒小香包,可刘兰芳非要交钱,张秀英坚决不收,最后刘兰芳把花了200多元买的水晶手串送给张秀英作为留念。

年逾八旬的刘兰芳,宝刀不老,散发着光和热,她最怕耽误时间,在出差的高铁列车上、飞机上、候机候车室里,用这些极其宝贵的时间看稿子、默默背诵一两万字评书段子是常事。每次演出虽有侧幕条提示,但不管多长的段子,她都要坚持背下来,熟记于心,对不起观众她于心不忍。散记中有一组数据,她连续八届参加道德模范巡演,每年到全国各地演出高达30多场,尤其是《大孝唯忠——黄旭华》,每说一次,都被主人公的事迹感动得热泪盈眶。

河南宝丰刘兰芳艺术馆,珍藏着刘兰芳捐赠的馆藏真品达5000多件,生动地展示出她60年从艺的历史足迹。2021年,我有幸参观了这个艺术馆,身临其境,与这些散记遥相呼应,感慨至极,行动立言一目了然。

她用宽厚为人为自己立了德。我们经常听到赞美艺术家德艺双馨、先做人后学艺，可是真正配上这几个字的人又能有多少？读了这些散记，从中可以吸润一种营养，看到刘兰芳身上的一种境界。对待同志、对待朋友，她是那样厚道情感真诚，外出回来总要买些小礼物馈赠亲人朋友，甚至连看门的大爷都有份儿。

记得2010年1月16日，赶在春节前我从宝坻去京看望刘兰芳、王印权夫妇，因为刚下过雪路不好走，中午二人非要请我去吃羊蝎子火锅，并当即给酒店打电话定桌。看着热腾腾的火锅，刘兰芳说："熟了！"她兴奋地戴上塑料手套，亲自挑选夹菜，尤其是给司机选的羊蝎子最多，"黄师傅，路这么远，你得吃好了！"那一幕让我至今难忘。而她对故乡更是有着深深的情怀，无论是活动、演出有求必到，每次回到家乡鞍山，总还惦记老故友、老街坊。对普通演员更是重看一眼，在廊坊演出时主动让化妆间给普通演员用，还特意给孕妇演员买补品。鞍山春晚为带学生出演，她主动向导演要求增加节目。为了基层演出、基层观众，她曾拒绝了中国文艺界百花迎春大型春节联欢晚会，这一在别人看来想上上不去的晚会。她外出经常住宾馆饭店，可每次只要是多喝一瓶水也要自己交费用，洗衣费本来含在房费中，可她全是自己掏腰包。到安徽演出，因故后延，为了不给公家增加负担，她决定不住宾馆，而住在儿子在安徽多月不住的潮湿的民房等候演出。看到这些文章，倒让我想起2007年，她来宝坻参加马季从艺50年曲艺晚会演出。那天从早晨到晚上鹅毛大雪下个不停，演出接近尾声，刘兰芳主席把我找到后台对我说："区里组织这么大的活动不容易，演出结束后都走。"我说："雪下这么大，那哪行！太不安全了。"她说："听我的，我走了他们就都走了，也给你们减少费用。"那天高速路不通，这些艺术家到北京都到下半夜了，她总是这样为别人着想。望着汽车在大雪纷飞中艰难行驶，我默默地向她致敬，并为演职员的安全担心。

一篇一篇散记，就像朵朵兰花，飘香万里，这些花香更是伴随着她的脚步，一步一花，一步一彩，串联成五彩缤纷的花环，升腾在她所走过的路上。她连续担任三届全国政协委员，获得第十一届中国曲艺牡丹奖"中国文联终身成就曲艺艺术家"称号,其艺术简历被收入《世界名人录》《中国优秀专门人才事略大典》《中国当代艺术界名人录》……荣誉无数,谈到这些她只是淡淡一笑了之。

人是需要感恩的,一个人的成功必然要有伯乐贵人同事相助。刘兰芳是一个感恩的人。她常说:"我要感恩,感谢党,感谢时代,感谢观众,感谢家人。所有外出演出参加各种活动,她都以身作则,树立党的形象。文章中披露,几次有企业家邀请刘兰芳参观并热情恳切地希望她为企业做代言人、做广告,在一二百万报酬面前她不为所动,婉言谢绝,她心里始终铭刻着"我是党培养的,要懂得规矩"。陶钝是中国曲协的老领导,更是刘兰芳的贵人,如果没有陶钝的精心培养,也就没有刘兰芳的今天。《感恩陶老》全面叙述了他们之间的情谊。纪念陶钝诞辰120周年活动在山东诸城举行,刘兰芳百忙之中参加,面对陶老的照片,刘兰芳瞬间泪流满面,发言中几次哽咽,这泪水诠释了她对陶钝先生的敬重与感恩。看到这篇散记我又想起自己参加刘兰芳从艺50年研讨会,亲耳听到天津市文联党组书记孙福海发言中提到刘兰芳的孝道之行。兰芳爱人王印权,是著名快板书表演艺术家李润杰的入室弟子,李润杰故去多年,而夫人年事已高,身体不好,兰芳主席逢年过节或是来津出差,不管多忙,一定要备好礼品,以儿媳的身份执晚辈前去问安,其状感人,博得全场阵阵敬佩的掌声。

至于夫妻感情,那更是无比,夫唱妇随,妇唱夫随,轮番变换角色。刘兰芳常说,他们夫妻俩就是结合体,当刘兰芳有不顺心的时候,只有王印权劝说才能烟消云散,别人谁也不行。刘兰芳外出总要惦记王印权,总会给他带来礼物。男人成功的一半是女人,可对于刘兰芳夫妻俩,就得倒过来,女人成功的一半是男人。多篇散记中都有这样的描述,王印权是刘兰芳的强大后盾,无论是创作《岳飞传》,还是创作其他作品,都是一个重要的砝码,没有王印权的支持,这个天平就要失衡。马街书会刘兰芳艺术馆许多藏品,都是出自王印权之手,更是他多年细心收集整理的体现。

读了这些散记,觉得刘兰芳又是个普通人。她虽然大名鼎鼎,却没有一点架子,她知道自己就是个评书演员,更是一个苦出身,她的心与百姓贴得最紧。演出时，观众与她合影从不拒绝，千方百计满足。她多次利用演出和活动间隙，到民间走走看看，在地摊上聊聊天、喝喝茶，和游客一起骑马，一起玩水枪滋水，穿上少数民族服装和大家起舞，即兴说上一段评书与民同乐。那种天然自成的景色就像一朵兰花，平实而又纯净，纯净得连一点杂质都没有。

"烛烛晨明月，馥馥秋兰芳。芬馨良发夜，随风闻我堂。"写完这个序，我还沉浸在散记兰花分外香的回忆中……

天津师范大学兼职教授、马季艺术研究会副会长兼秘书长张伯苓
2023年3月20日

目　录

白头发助理 …………………………………001

德艺双馨，再创辉煌 ………………………006

慰问崇礼北京冬奥会的建设者 ……………009

情满武夷山 …………………………………014

温暖的印记 …………………………………019

"这是自家的事，我肯定去！" ……………023

争芳斗妍打擂台 ……………………………028

记刘兰芳到廊坊演出 ………………………032

文艺志愿者的一天 …………………………037

冰雪中的坚守 ………………………………043

最佳合伙人 …………………………………048

春节去开封 …………………………………055

刘兰芳乘马车 ………………………………059

百花迎春 ……………………………………064

马街书会 ……………………………………069

刘兰芳的艺术之家 ··· 073
墙里开花墙里红 ··· 078
用生命，坚守着文化自信 ··· 081
刘兰芳从艺60周年暨《岳飞传》播出40周年座谈会 ········ 089
长春之行 ··· 093
培养人才从娃娃抓起 ··· 098
抢拍到一张值得炫耀的照片 ·· 101
在刘邦的故乡讲刘邦 ··· 104
走进国庆阅兵训练营 ··· 108
在北大演讲 ··· 112
参加中国作协春节联欢会 ··· 115
随刘兰芳去上海 ··· 118
在传承曲艺的路上 ·· 122
刘兰芳杭州之行 ··· 127
令人难忘的章丘之行 ··· 134
童心未泯 ·· 139
走进山东定陶 ·· 142
讲英雄，做英雄，不断前行 ·· 147
参加全国"非遗"曲艺周 ·· 153
福到全球送万家 ··· 158
值得回味的一次出行 ··· 160

精彩评书说抗联	165
清明诗朗诵会	169
77岁的少先队员	172
感恩陶老	176
呕心沥血培养学生	181
参加鞍山春晚	184
跨界演唱歌曲《少年》	189
小女出征胆气豪	193
今夜无眠	198
刘兰芳的冬奥情结	202
新疆行,新疆情	205
刘兰芳与《新斗罗大陆》	210
海南之行	213
又来到石匣村戏剧节	218
给《乡村大舞台》当评委	221
在山东	225
高温下的演出——记刘兰芳在安源煤矿	228
曲苑流芳——记刘兰芳评、鼓书专场	231
安徽之行	233
从老照片说起	237
富有挑战的录制节目	242

参加海淀区的艺术活动 ·· 244

助阵《鳌台故事会》 ·· 246

马街书会情怀 ·· 249

有惊无险的广西之行 ·· 253

代后记：我给刘兰芳当助理 ·································· 256

白头发助理

那还是在海南五指山家中的一天,我接到刘兰芳老师打来的电话,问我是否有时间陪同她一起到外地演出,也就是给她当助理。我一听这消息,高兴得立刻从床上蹦了起来……

刘兰芳老师是全国著名的评书大师,也是我心中的偶像,令人崇拜极了,能给她当助理,是多么荣耀的事啊!这是刘老师对我的最大信任啊,可我当时怎么努力也赶不回北京,无奈向刘老师说了我的情况,刘老师非常温和地对我说:"没事,以后还有机会。"

此后,我心里一直遗憾错过这次给刘兰芳老师当助理的事。

2017年11月的一天,刘兰芳老师又给我打来电话。我连忙说:"刘老师,我太愿意同您一起外出了,能给您当助理,是我最大的荣幸。可我现在是白头发……"刘老师温和地说:"白头发不要紧,你怕累吗?""我不怕累!""那好,我们先走着看,互相适应一下。"我第一次以助理的身份陪同刘兰芳老师去合肥参加演出活动的事,就这样定了下来。

出发的日子转眼到了,兴奋的我早早来到首都机场T3航站楼等候刘老师。由于航班时间恰逢晚餐,我想刘兰芳老师没吃饭,就特地在机场稻香村店买了无糖的萨其马,给刘老师当晚餐。心里暗自觉得买无糖的健康,想得

周到、细致,助理工作到位。

刘老师在鞍山工作时曾兼任鞍山文联副主席,是我的老领导。现在在北京,又给她当助理,这是多么幸运的事情啊!在约定的时候见到刘老师,我感到非常亲切。

刘老师的机票是商务舱,办登机手续和托运以及安检都走绿色通道,非常方便,这一切对我来说很新鲜。摸不着门路的我,只能默默跟在刘老师的后边,走了一程又一程,七拐八拐地来到国航贵宾休息室。

商务舱机票,又是国航白金卡,可以带一个人进入贵宾室。此时正是开饭时间,只见休息室里摆满了炒饭、炒菜、包子、卷子等各种食物,小吃及饮料琳琅满目,一些客人坐在沙发上用餐。刘老师对我说,喜欢吃什么自己拿……

我曾坐过多次飞机,但到商务舱贵宾室休息还是第一次。尽管我已经吃饭了,也不放过这次机会,体会一次贵宾待遇,刘老师也选了自己喜欢的食物,至于我买的萨其马,只好冷落在一边成了负担。

让我惊喜的事在以后的行程中接连不断。首先在安徽舒城演出我见到了歌唱家杨洪基。在这次活动中，主办方请来了刘兰芳和杨洪基两位著名艺术家。原来只能在电视上看见的著名歌唱家，现在就在我的眼前、身边，是我没有想到的事。

在舒城，刘兰芳老师提出利用空暇时间参观一下市容，主办方就安排游览万佛湖景区。在乘车时，刘兰芳老师喜欢坐在副驾驶的位置，而满头白发的我同杨洪基老师并排坐在后面。听着杨老师同刘兰芳老师谈话。只听杨老师对刘老师说："还真要感谢你，提议我们游览景区，否则也看不到这么好的景色。我一般到哪儿就在酒店房间待着，不爱动。这出来才知道万佛湖的景色是这样的壮观，还蕴藏了这么多的故事，太好了，收获很大啊！"

在车上，杨洪基同刘老师还交流生活趣事，他们都喜欢喝茶。杨老师说他把家楼下的房子租下来，用于喝茶，说回北京后要邀请刘老师去家里喝茶。刘老师说，她喜欢喝金骏眉红茶。听着他们一边聊天一边欣赏万佛湖的景色，我心中感到十分惬意。

刘兰芳和杨洪基一行兴致勃勃地参观了景坝前公园、龙河口水库纪念馆

和千米大坝等景观。在龙河口水库纪念馆内，刘老师详细了解了当年水库的建设历史和万佛湖的旅游发展历程，并被困难时期舒城儿女的无私奉献精神和战天斗地的大无畏精神所深深打动。

随后，艺术家们来到大坝出航码头，乘船游览了万佛湖。

万佛湖风景区是中国首批、安徽省首家"国家AAAA级旅游区"，中国首批"国家水利风景区"，曾获"全国部门造林绿化400佳"的光荣称号和安徽省"九五"旅游接待贡献奖。中外游客对它有"安徽千岛湖"之誉。万佛湖是大型人工湖，周围群山环抱，波光潋滟，水面开阔，一碧万顷，交叉曲折，绿岛浮动，鸥鸟翔集，舟楫点点。

其中龙河口水库，令人惊叹的是，水库大坝完全是以人工肩挑手推的土法而筑成，大坝为"黏土心墙沙壳坝"，堪称"世界之最"。

龙河口库区流域面积达到1111平方千米。最高峰便是万佛山的"老佛顶"，海拔1359米，系舒城、桐城、庐江、潜山等县境内的众山之祖。老佛顶下丹峰上有一座高2米、宽1米的"自生石碑"，碑上有刻于清光绪年间的"万佛名山"四个大字，历百年雨雪风霜而没有湮灭，至今仍以苍劲、秀逸的

面容迎接游人。

来到燕子岛上,当导游介绍燕子岛打造的是李公麟文化时,刘老师饶有兴致地走进李公麟纪念馆,并认真观看了"宋画第一人"李公麟的每一幅高仿作品。

漫步在万佛湖景区,刘兰芳老师仔细地看着景区各种景点的介绍,旅游人很多,有的人认出了刘兰芳老师。胆子大的人直接问刘老师:"您是说《岳飞传》的刘兰芳吗?"刘老师诙谐地回答说:"你看像吗?""……像,像!"我在心里着急地说:"是呀,是呀,是刘兰芳!"可刘老师非常低调,一点不张扬自己。在以后的日子里,我更加看到刘老师这一品质,低调做人,高调做事。

这次演出属于公益性演出。刘老师坚持一个原则:我是党培养出来的艺术家,党对我不薄,我要全心全意服务于观众。因此,尽管在室外演出,非常寒冷,刘老师还是满怀激情完成演出任务,受到观众的热烈掌声和好评。

至于我这白头发助理,事后刘老师对我说,有人问她:"您怎么找这么大岁数的助理,还需要照顾她吧?"她很认真地回答说:"你不知道,她人好。"听到刘老师对我的评价我高兴极了,能得到刘老师的认可是我最大的荣幸。完成这次外出回家后,我果断地把头发染成了黑色,显得年轻点,以准备随时再同刘老师外出,给她当助理。

这就是我第一次给刘兰芳老师当助理的经过,是我一生值得回味的事,值得骄傲的事——白头发助理。

2017年11月7日

德艺双馨，再创辉煌

严冬的北京，寒风凛冽，可在中国文联艺术之家的展览大厅里，却洋溢着暖暖的春风。

"崇德尚艺，潜心耕耘"中国文联知名艺术家成就展在这里隆重举行。中国文联主席、中国作协主席铁凝，中国文联党组书记、副主席李屹，中国文联副主席赵实等领导及全国文艺家协会等有关负责人出席开幕并观看了展览。

这次展览的知名艺术家有三位：丁荫楠、尚长荣、刘兰芳。中国文联领导在讲话中，充分肯定地说："这三位艺术家，他们是中国文艺发展史上的杰出代表，是德艺双馨、人品艺品俱佳的艺术大家，在各自领域里为社会主义文艺事业繁荣发展做出了卓越贡献。"并号召广大文艺工作者向他们学习，自觉担负起新时代赋予的历史使命。

丁荫楠、尚长荣、刘兰芳这三位老艺术家，坚定文化自信，坚持"二为"方向和"双百"方针，坚持创造性转化、创新性发展，大力弘扬社会主义核心价值观；他们一心一意跟党走，热爱祖国，热爱人民；他们对艺术精益求精、千锤百炼，善于继承借鉴，勇于开拓创新；他们拥有德艺双馨的人格风范。

这次展览主要通过照片、实物视频等形式，回顾了三位老艺术家的艺生涯，展示了他们在各自的领域突出的艺术成就。

"崇德尚艺，潜心耕耘"是三位老艺术家的艺术成就和思想追求，要传承老一辈艺术家的优良传统，弘扬他们的精神品格，激励广大文艺工作者为新时代中国特色社会主义文艺事业做出新的贡献。

在刘兰芳艺术家展示区，我们看到了老艺术家刘兰芳曾经深入工厂、农村、部队等地为广大观众演出的壮观景象，我们也看到了刘兰芳为了传承中华民族文化，到学校等地，为基层辅导的画面，还有她当年表演评书《岳飞传》时，人山人海的壮观画面。

会上，三位老艺术家分别发言。刘兰芳在发言中表示："来到中国文联工作23年整，至今从艺60年了，非常感谢中国文联领导对我的肯定和关怀。今年是改革开放40年，今后，我仍然要坚持党的文艺方针政策，更好地为广大人民服务……"

刘兰芳感恩中国文联多年来对她的培养与支持，感恩全国人民对她的厚爱和喜欢。我跟随刘兰芳身边，听到最多的话之一就是：党对我不薄，要"感恩"！

刘兰芳是这样说的，也是这样做的，时时处处，感恩在进行时……

在展览区，有表演用的道具，刘老师随手拿起来，并逐个介绍给在场的中国文联领导，在场的观众。最难得的是，刘老师拿起了快板，随手打了起来。我抢拍下这个珍贵的镜头。

由于我紧随刘老师，这次活动让我高兴的是，同中国文联主席、中国作协主席铁凝留下珍贵的合影留念。在鞍山文联工作期间，我就经常拜读女作家铁凝的作品。这次有机会近距离接触铁凝主席，让我备感荣幸。刘兰芳和铁凝都是我崇拜和敬仰的人。感谢刘老师给我的机会，见识了很多文艺界的名人和精英，他们是我永远学习的榜样。

2018年底

慰问崇礼北京冬奥会的建设者

2018年12月27日,中国文联表彰三位德高望重的老艺术家丁荫楠、尚长荣、刘兰芳的活动还没有结束,在中国文艺之家的展览大厅,请刘兰芳签名的人排成了队,其中有著名曲艺编导、快板书演员刘兰芳的大儿子王岩,拿了好几本中国文联印发的介绍三位老艺术家事迹的宣传册排队签名。临近11点,中国文联活动部哈达主任,像护花使者一样,把刘兰芳老师拥到在外等候多时的车上,去河北张家口,慰问崇礼冬奥比赛场地建设者们,举行文艺送万家活动。周围的人看见刘兰芳连儿子的要求都没有理会,径直走出去,不禁哄笑欢呼起来。可再不出发,刘老师在张家口那边的演出就来不及了……

这位哈主任是专门陪刘兰芳一路之行的,看见刘老师上了车后,长出了一口气。因为,参加演出的大部队已在早晨8点就从北京出发了,他特地留下来,保证刘老师的车正点出行,来确保张家口那边的演出准时开始。

这次活动是中国文联等单位组织的"我们的中国梦——文化进万家"中国曲艺家协会文艺志愿者服务小分队走进张北小二台镇慰问演出,刘兰芳老师将分别在张家口的小北村和崇礼举行慰问北京冬奥比赛场地建设者的演出两场,演出结束后还要到贫困农民家慰问,寒风中把温暖送到村民家。

从北京出发，路途需要3个小时才能到达张北小二台镇的演出现场，按照规定午后2点开始演出，这样我们连吃中午饭的时间都没有了，哈主任到路边的麦当劳给每人买了一份汉堡。这样，在行驶的车上，我们吃了一点，就算是午餐了。

车，急速向张家口行驶。给我们开车的季师傅是位老司机，曾经在中国文联给刘兰芳主席开车，高速限速范围内，把车开得非常稳，让我们在车里安心地做自己的事。刘兰芳老师先看评书稿子，我不时地看导航，显示行进所需的时间。当午后2点，我们的车进入张家口市收费站时，哈主任通知小北区那边演出开始。刘老师的节目是最后一个，到场能来得及。这样紧张的生活节奏，对刘兰芳老师来说是常事。

张家口距离北京不算太远，可那个地方冷得出奇。气温零下22摄氏度，这让刚从呼和浩特回来经历了冰天雪地演出的寒冷的我们，仍心有余悸。所以这次，从各个方面都做了充分的御寒准备，此时心情大好！

过了收费站，我们乘坐的越野车向北一路驶去，还有40分钟的车程。午后的阳光照耀着山峦，温暖着万物风华。放松了心情，平时忙于各种事情的刘兰芳老师放下稿子，望着窗外，情不自禁说："这样的景色，尽管没有绿色，我也很喜欢。可能是东北人吧，对于那枯黄的山峦、干枯的树枝，我还是喜欢。"刘兰芳不时地赞叹窗外景色……我知道，刘老师平时太忙了，外边的世界对她来说都是美好的。

终于我们的车开进了张北村的礼堂，演出早已经开始，刘兰芳老师下车连口水都没有来得及喝，马上化妆、换服装，准备上场。待一切准备好后，刚好轮到刘老师上场，这一切，安排得真是严丝合缝，几乎没有喘息的机会，太刺激了！

张北小二台镇是河北省张家口市的村子，村民们听说刘兰芳来演出，早早就来到礼堂。以前只能在收音机里和电视上听到看到的刘兰芳，今天亲眼看到，格外欢欣鼓舞。只见，刘老师噔噔噔走上台，路上的疲劳一扫而光，响亮、高亢的声音响彻礼堂，说完一段评书，观众掌声不停，只好又返场，这种场面是每场演出的重现。

演出结束后，没有卸妆，刘兰芳马上同另外几位主要演员，分成三小队到六户农民家走访。我跟随刘老师来到一位姓朱的农户家，正赶上他们在吃饭，刘老师热情地问吃什么呢，一看都是当地人喜欢吃的荞麦食品，因为这

种食物耐寒耐饿。刘兰芳向他们赠送了春联,并代表中国文艺志愿者向这家农民赠送了慰问金。

当来到另一位农民家,女主人一下子就认出了刘兰芳老师,说来的人是电视上说评书的刘兰芳,大家一下子全笑了,气氛马上活跃起来,欢声笑语冲淡了冰天雪地里的寒冷。刘老师赠送完春联和慰问金后,看见屋里的地炉子,说:"我们在东北时,很多家里也是用这样的炉子,既能做饭又能取暖。"刘兰芳平易近人、和和气气的,同老乡像一家人。当听说他们养羊赚钱补充生活费,刘老师还特地到羊圈看看。

中国曲协活动中心哈达主任说:"这次活动由于有刘兰芳老师参加,活动的水准一下子就提高了,刘老师有地位还有名气,待人还好,我非常愿意同刘老师一起外出参加活动。"

第二场演出的地点,是在崇礼——2022年北京冬奥会的举办地。我们先参观了崇礼冬奥会的宣传展厅,听工作人员介绍冬奥会比赛场地建设的情况，还去参观了部分施工地和滑雪场。

在崇礼演出的地点是一个礼堂，外面寒冷，礼堂里却洋溢着欢庆的气氛，文艺志愿者用饱满的激情演出了各种节目，带去了热情的问候，使这里的冰天雪地融入了浓浓暖意。

演出结束，开车返京的路上，落日的余晖铺满了大地，经过连续紧张的忙碌，刘兰芳老师又将精神饱满地踏上新的里程。

2018年底

情满武夷山

当我知道要随刘兰芳老师去福建武夷山的消息后，异常兴奋。因为武夷山风景秀丽，历史悠久，人文荟萃，是我国世界文化遗产和世界自然文化遗产"双遗产"地之一，入选了"中华十大名山"和"中华茶文化艺术之乡"。尽管15年前，我随旅游团游览过，但这次是随全国政协慰问团去福建武夷山正山集团考察、慰问，别有一番感受。

当我们乘坐的飞机在武夷山上空盘旋，武夷山蜿蜒起伏，绵绵不断，尽收眼底。武夷山是典型的丹霞地貌，一条幽深清澈的九曲溪盘绕山中，云雾缭绕，像薄薄的轻纱，萦绕在满绿的山中……

这次全国政协组织政协委员到各地基层考察、慰问，是我陪刘兰芳老师到外地演出参加的各种活动中，团队级别最高的一次。

接待我们的是福建武夷山国家级自然保护区正山茶业有限公司董事长——江元勋先生，他也是全国政协委员，与慰问团的很多人都非常熟悉。他给我们介绍，他于2005年创建的正山堂新品牌金骏眉、银骏眉等茶品，既来源于具有400余年历史的正山小种红茶世家的历代传承，又有第22代传承人的创新发展，为制作最好的红茶，企业一直在不断探索、研究、发展。如今，正山堂红茶已经成为国内外高档品牌茶品之一。

在江董事长的引领下，慰问团一行人来到茶园，看见一片片茂密的茶树丛，茶农们穿梭在高山上、茶林间采茶，也看到了正山小种在茶农的手中，经过一道道严谨的工序后制作成散发着醇香的新茶品。企业在发展，国家在兴旺，一代正山传人为茶文化的传承、发展，努力奉献着……

制茶厂，我们详细参观了制茶过程和工艺。江董事长介绍说，金骏眉是高端茶，每500克茶，需要6万~9万颗芽尖。这种红茶外形细小而紧秀，色泽为金、黄、黑相间；金黄色的为茶的绒毛、嫩芽，开汤，汤色也为金黄色，啜一口入喉，滋味鲜活甘爽，沁人心脾。连泡12次，口感仍然饱满；叶底舒展后，芽尖鲜活，秀挺亮丽。我多次看见刘兰芳老师冲泡金骏眉，经过江董事长这么介绍，印象更深了。

到茶厂，肯定要品茶。在一个大大的会议室，桌子上已经摆满了各种茶品。我们观看了"品"茶、"斗"茶的全过程，真是大开眼界！

刘兰芳老师非常喜欢喝茶，每天起床的第一件事就是泡茶。无论走到哪里，她都自带茶叶——正山堂金骏眉。她还笑着对我说家里有个大茶童，就是她老伴。只要在家，早晨都给她泡茶。此时，刘老师非常用心地看着眼前

与刘老师在制茶厂走廊留影

的一切……

通过讲解员介绍，我才知道，品茶要五官并用，六根共识，眼、鼻、喉、舌、嘴、意，所有器官都要调动起来，感受那种妙不可言的清、香、干、活的滋味。武夷奇秀甲天下，武夷山茶分外香。我琢磨着品茶的要领，端起茶杯，享受着与茶品金骏眉的零距离接触，尽管我不懂茶……

武夷山茶好，是因为它生长在群山沟壑之中，风化岩壁之上，承土壤的滋润。土好、水好、气候适宜，再加上武夷山茶有悠久的传统制造工艺，独有"岩骨花香"的韵味，"饮后齿颊留香，香高而悠远；喉底回甘味，味醇而益清"。这就是武夷山的茶。

慰问团在武夷山，尽情地看茶、品茶，了解企业的发展建设后，又倾情为企业奉献一场高水准的文艺演出。

到武夷山，游览九曲溪是必不可少的。演出结束后，刘兰芳老师显得特别轻松和兴奋。慰问团成员分别坐上了几个竹排，听着导游诙谐幽默的介绍，再用手撩撩那像缎子面一样柔和的溪水，感到心情是那么舒展、惬意！

竹排慢悠悠前行，漂游在九曲溪中，只见两岸一片片的绿树翠竹，四周青山环抱。

导游介绍说："九曲溪边的山岩有很多个空洞，每当山风从洞里穿过，发出嗡嗡的响声，其中的'虎哮岩'是最有代表性的了，它发出的声音像老虎咆哮一样，所以称它为'虎哮岩'，这些空洞，每当遇到阳光的照射，溪水上会飘浮着雾气，九曲溪就会形成'曲曲溪流带晓烟，峰峰朵朵吐青莲'的壮观景色,让人看了如醉如痴,好像在仙境一样。"

九曲溪,每一曲风景各异。每漂游到一曲,都让你置身在青山绿水之中,置身在诗情画意之中,让你的身心得到最美好的享受,让你感到人生的美好,感到祖国大自然的美好!

竹排的导游真是练就了一副好口才,诙谐幽默的解说,常常把我们逗得哈哈大笑。游九曲溪,坐竹筏,又一次大饱眼福地看见了被评为世界文化遗产的"摩崖石刻""架壑船棺"和"虹桥板"。

武夷山的摩崖石刻历史很早,汉、唐、宋、元、明、清历代文人墨客来到武夷山,遗留的摩崖石刻有400多方,据说这在祖国的名川大山中是非常少见的。

这些摩崖石刻内容博大精深,非常丰富,大都是记游、赞景、抒怀。摩崖石刻的书法有多种字体,大小不等,最大的字是在二曲处的"镜台"二字,每个字有五米见方。摩崖石刻"武夷山游记",竟然有1800多个字。这

刘兰芳老师同考察团的全国政协委员坐竹排

些字飘逸、浑然、苍劲、竞秀争艳，为武夷山的秀美景色增添了光彩，其中最耐人寻味的是朱熹的手书"逝者如斯"。摩崖石刻是我国不可多得的珍贵的文化瑰宝，是世界文化的宝贵遗产。

还要介绍一下，在二曲溪附近，在那高高的石崖上，有世界惊叹的"架壑船棺"和"虹桥板"。据考古专家说，这有3500多年的历史了。绵绵的历史，这些"架壑船棺"和"虹桥板"还在，都是古越人葬俗的遗物，是一种形制奇特的棺柩。"虹桥板"是用来支撑船棺的木板，有的直接插在岩壁上或者两峰之间，神奇啊……

古代人是怎样把几百斤重的物体，悬吊到高高的山崖缝里的？那时没有一点现代化工具。据说，悬棺的研究人员曾经试着用起重机、滑轮模仿做过实验，也没有找到可认证的科学依据。因此，这个"架壑船棺"成为一个谜，吸引着世界各地的游客，探寻其中的奥秘，破解其中的原理。朱熹也曾说："三曲君看架壑船，不知停棹几何年？"在九曲溪"曲曲山回转，峰峰水抱流"的美景中，蕴藏着这么多的古老、博大的古文化内涵，慰问团在观看美景的同时，丰富了知识，满足了精神享受。

常言说，山不在高，有水则灵。黄山以峰为名，那么，武夷山不但有山水之胜，而且蕴含着厚重的历史文化。在诗情画意中，浸染着古今深厚的文化底蕴。武夷山之行，值！

圣人孔子说："智者乐水，仁者乐山。"山为水之骨，水为山之情，武夷山的筋骨，九曲溪的柔情，演绎着山山水水的神韵百态、风情万种。随刘兰芳老师此行，值！

情满武夷山……

2018年5月

温暖的印记

沙滩上的印记会被吹散，石头上的印记会被磨平，钢铁上的印记会被锈蚀，留在人心上的印记却会随着时间的流转而愈加清晰。1983、9万，这两个数字是著名评书表演艺术家刘兰芳刻在安徽蚌埠市怀远县人民心中永远的印记。

自1979年长篇评书《岳飞传》播出后，"刘兰芳"三个字就成了当时的超高频词汇。农闲工余，晚间消遣，群众或三五一簇，或数十一群，巴望着一台小小的收音机，渴盼着一个声音。那时的刘兰芳，就是收听率的保证，就是有巨大影响力的明星。

彼时怀远县是个远近闻名的贫困县，如何改变家乡落后面貌几乎是每一届县领导的头号难题。时任县长刚到任不久，有想法也有魄力，就想着要邀请一位"大腕儿"来演出。一来振奋群众精神，满足他们对文艺的迫切需求；二来通过"名人效应"打开文艺市场，探索解决资金困难的一条新路子。这位李县长，决定"要做就做到最好"，邀请当时的"顶级流量"代表刘兰芳。

县长写了一封亲笔信，委派时任怀远县文化馆馆长陈德全到鞍山曲艺团，邀请刘兰芳到安徽省蚌埠市怀远县演出。

看到邀请信后，时任鞍山曲艺团团长的刘兰芳当即拿起笔，在信上写

道:"为丰富农民文化生活,义不容辞!"然后对陈馆长说:"空口无凭,有了字据,你放心吧!"

"我来的时候,就有信心。因为在报纸上看到不少介绍你的文章,你不是'向钱看'的人。我们有了困难,你肯定会来支持的。"刘兰芳后来回忆说,这话让她坚定了到怀远的决心,"因为当地的群众信任我,需要我。"

鞍山曲艺团到怀远县演出成了当地的一大盛事,当时,县委书记、县长赶赴蚌埠火车站迎接,又陪刘兰芳一行乘车来到怀远。县里像过年一样热闹:群众倾城而出,敲锣打鼓,夹道欢迎,就为一睹刘兰芳的风采。

就这样,刘兰芳带领鞍山曲艺团先后在怀远县的龙亢、常坟、包集等11个乡镇连续演出两个月,几乎走遍了怀远县的山山水水。

当时的演出票价是1角钱,最终的演出收入却达到了9万元。刘兰芳和演员们一致决定,捐给县政府7万元,将剩余2万元上交给鞍山曲艺团作为办公经费。县领导过意不去,要再拿3.5万元出来给鞍山曲艺团。

1983年,刘兰芳的月工资是61元,当时9000元可以买一辆拉达小汽车,而2万元能保证鞍山曲艺团一年不闹饥荒。由此可见,这9万元是何等巨款。再能多得一些,或许团里的创演条件、演员待遇等又能有一定改善,这是有利于发展的好事情。

但刘兰芳还是谢绝了。

刘兰芳回忆说:"在怀远的日子里,农民的淳朴、善良,感动得我流了多少泪已经记不清了,但从中感受最深的,是广大农民是我们文艺工作者的衣食父母，是真正的上帝！"

这是一个文艺家最朴实也最真挚的情感，是对文艺要始终扎根人民最深刻的体悟，是对"金奖银奖不如老百姓的褒奖"最生动的诠释！

怀远县也没有辜负刘兰芳的好意，他们用那笔钱建了一座农民文化馆。文化馆落实后，相关负责人给刘兰芳邮寄了一封信和几张照片。信中说，文化楼修建好了。主楼有1000平方米，设有两个大厅，6个活动室，1个经营部，还配有1500平方米的大剧场，有800个座位。文化馆的院子里还有假山、花坛。为了感谢刘兰芳，他们还把主楼起名为"兰芳阁"……

从那以后，这座文化馆就成了刘兰芳的一大牵挂。"怀远县农民文化馆怎么样了？还有这个地方？在哪里？"得空的时候，她三不五时总要念叨这几句。只是因为种种原因，她"看看怀远县农民文化馆"的愿望一直未能实现——直到2018年。

初冬的安徽，气候湿冷。刘兰芳从北京出发，坐高铁、乘汽车，在近5个小时的奔波后终于来到了怀远县。刘兰芳内心的激动难以抑制，不顾旅途劳顿，就要到自己思念了35年的怀远县农民文化馆看看。

可在多方打听、在网上搜寻后，都没得到怀远县农民文化馆的确切地址。刘兰芳不甘心，决定乘车做一次"地毯式"的找寻。当地派的一位司机问我们去哪儿，我们说到农民文化馆，他挠了挠头，说没有这个地方。后来他又想想，觉得这应该是个老地方，就建议我们到老街去找找。

老街是真的"老"了，狭窄的街道两旁挤满了叫卖各种日用品的小商铺。司机一边小心开车一边介绍说，怀远县借着改革开放的东风发生了翻天覆地的变化，早已甩掉了贫困的帽子，这条老街可能也要整改了。

车慢慢前行，司机不经意间一瞥，突然停了车，指着一幢建筑，说有个牌子，隐约写着文化馆。刘兰芳一听连忙下车走到近前。我们眼前是一座带有古典风格的三层小楼，白色的墙面，翡翠绿釉的瓦顶，凌空的飞檐，雕花的窗棂。虽然因为年代已久，小楼处处都有颓败，但仍然能看出当年的精致。

当天是星期天，院子里没有什么人。刘兰芳正在环顾四周时，左边一个房间中走出人来，经过询问，他就是这个文化馆的馆长，刘兰芳立刻说起当年修建文化馆的事。这位馆长立刻说:"就是这个馆呀!我们都知道是你带领鞍山曲艺团演出捐款建造的!"

"就是这个馆!"刘兰芳顿时激动起来,她来回踱步,一边仔细打量小楼一边自言自语:"都还在啊,还在啊……"

剧场还在,"槐荫剧场"的牌匾也还清晰。但院子里的假山、花坛已经不在了,陈馆长也去世了。这三层小楼,如今暂时作为文化馆办公室和培养青少年艺术人才的基地。而为改造老城、加强县城建设,这个文化馆也快拆迁了。刘兰芳有些伤感,她站在剧场门前同现任馆长照相留念,想留下对这个神交已久的"老朋友"的一丝念想。

"兰芳阁"的牌匾已经摇摇欲坠了,刘兰芳驻足良久,馆长有些赧颜。但随即刘兰芳就说,这儿也快拆了,老百姓的日子好了,很快咱们怀远的老百姓就能有更大、更好的文化馆了。

是不舍,更是欣慰。

她回忆起当年一位老奶奶兴奋地说:"能看见你(刘兰芳),我死也值了!"

但我看得出来,在刘兰芳心中,1983年那场演出才是真的"值了"。

走出文化馆的院子,刘兰芳看周围的什么都亲切。什么青萝卜、红萝卜、红心萝卜、花生、炸的馓子等,她几乎见着什么买什么,大有把整个老街搬回家的气势。我在心里嘀咕:这么多东西怎么拿呀?但旋即释然,这是刘兰芳对怀远的情感,对怀远的不舍啊!

这时,路边不时有群众认出了刘兰芳,现场渐渐有些混乱,要签名的,要合影的,两位年轻女同志好不容易挤到近前,拉着刘兰芳合影留念。她们一个劲对周围人群说:"这个文化馆就是当年刘老师她们捐款建起来的……"

诚如现实所展现,刘兰芳她们当年捐献7万元建起来的文化馆已经老旧,或许下一次她再来此地,便是人是物已非。"老朋友"的离去总是令人伤感的,但老朋友留下的印记还在怀远县群众的心里,这印记没有随着时光流逝而黯淡,而是愈加深刻,愈加动人……

2018年11月

"这是自家的事,我肯定去!"

"这是自家的事,我肯定去!"——每当遇到全国政协、中宣部、中国文联、中国曲艺家协会等各个艺术家协会的活动,刘兰芳总是这样。

应中国文艺评论家协会的邀请,刘兰芳于近两日去了重庆巫溪镇参加文艺下基层活动。

初冬的北京天气清冷,由于乘坐早班飞机,我早早来到了首都机场T3航站楼,将在这里和刘兰芳老师会合,飞往重庆万州,再乘汽车前往巫溪。

时间还早,不到6点,此时机场航站楼外四周漆黑。闪烁的车灯,一辆辆的,晃得我睁不开眼,心里犯难了,这黑乎乎的,千里眼也分不清哪辆车是刘老师的,怎么接应啊?

北京的交通管理严格有序,航站楼前停车限时8分钟,过往的车辆非常迅速,都担心因超时被罚款、扣分。此时,还有一位交警在来回走动,更增加了送站车辆停靠的紧迫感。我看了一下,觉得中间车道行驶通畅,便致电刘老师的司机,约定在中间车道8号进站口,等候刘老师。

四周还是很黑,眼前都是川流不息的车。距离约定的时间越来越近了,我翘首远望,不免有点着急时,只听一声招呼,刘老师已经站在我面前,原来由于车限号,刘老师乘坐她家的另一辆车来到机场了。

此时，早起的刘老师由于赶路，连一口水都没有来得及喝上，更别说吃早餐了。办理登机牌、安检等一切都很顺利，只是我们距离登机口太远，需要走很长的路，时间紧迫，我们只能一边往登机口方向走去，一边找热水和卖早点的。等我们到达了登机口还没有找到热水，却看见排了长长的队伍，原来是我们的航班已经开始检票、登机了。

就这样，没有吃早餐，没有喝到水，就开始了巫溪之行，像这样的情况在刘兰芳老师的工作中是家常便饭。

为了推动、发展基层文化事业，这次中国文艺评论家协会组织了部分全国艺术家奔赴重庆，到巫溪开展送文化到基层活动。这队伍里最年长的就数刘兰芳老师了，周岁74！

经过3个多小时的飞行，接近中午时分，我们乘坐的飞机降落在万州机场，同机来的14位艺术家见面后，兴奋地一起登上了中巴车，拉开了巫溪之行的序幕。

重庆不愧为山城，这次我们去的巫溪兰英村是个小山村。汽车大多在山中行驶。山路很陡峭，但道路修建得非常好，先后穿越了20多个隧道。刘兰芳老师介绍说："为了让贫困县尽早脱贫，国家投入了大量的财力、物力，据说修缮这样的路，代价是一米长的隧道需要投资一个亿！也只有在我们社会主义的国家，才会有这样的投入。"多次来过重庆的刘老师如数家珍，给大家介绍……

车，缠缠绵绵地在山中穿行。深秋的山谷，树叶五彩斑斓，点缀着青山。为自己家的事，从早晨5点到中午时分，连续的奔波，终于在夕阳西下的时候，来到了被称为"凿通大山的村子"——巫溪镇兰英村，在这里将举行"重庆市文联巫溪文艺创作基地"和"四川美术学院巫溪教学实践写生基地"授牌仪式。

作为中国文联原副主席、中国曲艺家协会原主席的刘兰芳，参加这样的活动数不胜数！每次都不辞辛苦，当成是自己家的事情，全力以赴！

前不久，全国第六届道德模范巡讲。刘兰芳克服各种困难承担了"核潜艇之父"黄旭华《大孝唯忠》的故事演讲。随后全国道德模范巡讲团先后奔赴全国各地，南征北战，9个省，30多个城市，行程上万里，进行了30场演出。这是自己家的事，刘兰芳必定参加！

廊坊市为了提升当地乡镇的知名度，在北京、河北廊坊等地连续举办了10场"廊坊市旅游文化大发展"巡回演出。刘兰芳每天往返乘车5个小时左右，她说：这是自己家的事，一定参加！

025

河北省曲艺家协会举办首届青少年曲艺大赛，请刘兰芳老师颁奖，是自己家的事；河北省曲艺团重新组建，是自己家的事；侯宝林诞辰100周年座谈会，是自己家的事；北京市朝阳区读书会，是自己家的事……大大小小的赛事、文艺演出、揭牌、颁奖等，都是文艺界的事，都是自己家的事！

　　从艺60年，刘兰芳走遍了祖国的山山水水，深入生活，扎根人民，为百姓服务，传播中华优秀传统文化，传递社会正能量，不顾年高、身体疲劳，倾情出席。这些都当作自己家的事，当作她神圣的使命！

　　落日的余晖笼罩着山头，一抹晚霞映照出刘兰芳健硕、潇洒的身影。从早晨5点，连续的乘飞机、乘汽车颠簸，参加活动，已经10多个小时没有休息了，刘兰芳不顾一天的劳累，还兴趣盎然地游览兰英大峡谷，一边游览，一边赞不绝口说："难得来一次巫山，山景不错，好好看看！"

　　等我们最后来到酒店，已经晚上8点多钟了。原来约了媒体采访，作为助理，我有些为难了。刘兰芳老师这一天实在太辛劳了，明天还有演出，真不忍心再让刘老师接受采访。

当刘老师看出我的为难，问清什么事时，她干脆地说："约定好的事，照办！我稍微收拾一下，15分钟后见媒体！"

夜幕降临，在酒店的房间里，刘兰芳接受记者的采访，向重庆人民讲述从艺60年来的坚守，讲述明天的那些自己家里的事的安排，讲述这辛苦的一切，都是因为舍不得她喜欢的评书，舍不得喜爱她的观众……刘老师，我们爱您！

2018年11月

争芳斗妍打擂台

扬州，这个拥有悠久文化历史的江南古城，近日迎来了全国各地的曲艺精英。"第七届中国曲艺团长高峰论坛暨首届中国扬州—全国曲艺大书发展论坛及扬州书会"在这里隆重举行。来自全国各地近百名的曲艺团首领及大书表演艺术家聚集在这里，探讨当今曲艺事业的发展，研究如何传承和发展曲艺这个传统文化艺术品种，并安排四场精彩演出，展示曲艺才华，展现曲艺魅力。

"激荡曲艺大书传统，激发曲艺大书创新"是这次大会的主题。中国艺术研究院曲艺研究所、中国说唱文学会等单位，为了科学引导曲艺传承保护，推动曲艺全面发展，充分彰显曲艺大书（评书、评话）蕴含的丰富的文化内涵和高超的语言魅力，彰显曲艺大书激浊扬清、惩恶扬善的艺术功能和美学传统，在三天时间里不但安排曲艺论坛，还安排了曲艺中坚力量展演两场，新秀展演一场，另外还有一场最引人关注的曲艺名家示范演出专场。著名评书表演艺术家刘兰芳被邀请参加这场曲艺名家示范演出，而且是压轴出场！

能参加这样的演出，是非常荣幸的事情，是真才实学的肯定。在这类似打擂的演出，不看你是领导、专家，而是真本事、真才能的较量。

这场名家示范演出共有7位名演员家出场，演出顺序是四位男演员连续出场后，三位女演员接着演出，刘兰芳接连丽如，最后出场演出。

面对这场全国曲艺名家荟萃的示范演出，刘兰芳心中既紧张又充满了信心……

刘兰芳从艺60年来，在担任中国文联、中国曲协等领导职务期间，除了组织领导协会的日常工作，还让自己的评书业务不丢。充分利用节假日休息时间，坚持每年录讲评书最少一部！

现代社会，评书艺术的传播方式也在不断发展变化，不仅仅是以前的广播、电视，还有网络等多种传播表现形式，内容也在改变更新。因此，要使自己永葆艺术青春，与时俱进，必须学习。刘兰芳非常重视自己的学习，学习领会文艺工作者要艺术为人民服务的宗旨，学习党的各项方针政策、党的文艺思想，不断进步，跟上时代的发展步伐。

在当助理随行之时，我深刻体会了刘兰芳老师孜孜不倦的学习精神。

刘兰芳时常在机场商务舱候机室，利用候机的时间，给同行的艺术家讲演自己的新书，征求意见，时时在改进、提高自己。

我们知道，说书艺术，上下几千年，纵横几万里，无所不及。要驾驭得好，不但要有过硬的专业技巧，也要学习天文地理、政治历史，有广博的知识，同时也要学习和借鉴其他艺术的精华，充实自己的艺术才能。刘兰芳老师这样说的，也这样做的。刘兰芳曾说，她的评书台词曾有话剧导演指教过，也有京剧导演启发过。只要对艺术表演有益处的，她都愿意学习。也正是这样，不断学习，不断探索，刘兰芳的评书艺术越来越精湛，一直受到广大观众的喜爱和欢迎。

这次，到扬州参加打擂式的演出，刘兰芳一路上都在思考，如何在这场

演出后与新老艺术家合影

演出中充分发挥自己的艺术表现，取得打擂演出成功。

晚上7点30分，备受关注的曲艺名家示范演出开始了。刘兰芳准备好演出前的一切开始候场。这时，从剧场的电视转播屏幕上，刘兰芳发现前面的演员，几乎都在一张桌子前坐着说书，没有一个站着的。这种传统的说书方式一直在承载着、延续着。刘兰芳老师不禁对今天自己是坐着说书还是站着有点纠结，思考一阵子，刘兰芳决定还是按照自己以往的表现方式站着说。

因为自己说的是新书，表现内容是当代的英雄楷模，说到动情处需要形体表现加以配合。另外，刘兰芳认为说书的表现形式也要敢于创新发展，根据说书的内容敢于突破，选择能表现人物精神的最佳形式。坚定自己的想法后，最后出场的刘兰芳以饱满的精气神，以铿锵有力、带有音乐韵律感的台词，精彩地结束自己的表演，随即获得台下热烈的掌声，禁不住观众的要求，刘兰芳又返场说了一段《岳飞传》。

实际，在以往的各种演出中，无论在大舞台还是小剧场，刘兰芳老师都是非常认真对待每一场演出，因为，她珍惜广大观众对她的喜爱，珍惜刘兰芳这个名称，也正因为这样才使得她的艺术青春，永放光彩！

"艺术来源于生活，更离不开生活。"刘兰芳老师时时注意自己评书艺术的创新发展，做到"老书新说，旧书新评"，并结合现代观众欣赏习惯，适应不同现场气氛和观众层次，至今得到观众喜欢和爱戴，经久不衰！

新中国成立70多年，硕果累累的文艺百花园，刘兰芳不负众望，怀着对评书艺术的挚爱、对广大观众的挚爱、对文艺事业的挚爱，昂首阔步，向更加美好的明天走去！

2018年12月

记刘兰芳到廊坊演出

近期,廊坊市为了宣传廊坊大厂镇的经济文化、旅游发展,提高大厂的知名度,举行了廊坊旅游发展大会巡回演出,计划在北京周边河北廊坊等地进行10场演出。

刘兰芳被邀请参加了这次巡演。我作为助理,随刘兰芳老师乘车前往,今天是巡回演出的第五场了。

初冬的北京,算不上太冷,却也寒气逼人。由于大雾笼罩,周围一切都显得灰黄。我们的车在这弥漫的大雾中向廊坊驶去……

果然不出所料,由于雾大,能见度不足50米,导致北京进出高速全线封路,这样我们只能在限速30米、40米的辅路行驶。

刘兰芳先生听到这个消息,马上对司机说:"不着急,慢慢开,我们时间来得及。"由于事先估计到这个情况,刘兰芳老师把出发时间提前了3个小时。每次到基层演出,刘兰芳都是非常认真、细致地从各个方面做好一切准备。

车的速度慢下来,车窗外的景色映入眼帘。只见道路两侧高大的杨树,叶子已经落了,光秃秃的枝条直插云天。田野被迷雾笼罩着,不时有残留的枯萎的玉米秆七零八落地躺在地里。偶尔看见一片绿色,那是冬小麦吧……

"闲暇时间，看看外边的景色也是件美好的事情，可对我来说，这样的时间实在是太少了，太少了……"刘兰芳望着窗外的景色自言自语。

今年7月，刚刚退休的刘兰芳，似乎比在岗时更加忙碌。前不久，由中央文明办、中国文联等单位主办，中国曲艺家协会承办的全国第六届道德模范巡讲，已经74岁的刘兰芳作为巡讲团的成员，讲述了中国核潜艇之父、敬业奉献模范黄旭华为祖国核潜艇事业隐姓埋名30年，奉献毕生精力，用实际行动诠释"对国家的忠，就是对父母最大的孝"的故事——《大孝唯忠》。刘兰芳老师已经连续六次参加全国道德模范巡讲了。

道德模范是社会道德建设的重要旗帜，深入开展评选表彰和宣传学习道德模范活动，就是为了激励人民群众向上向善、互帮互助，鼓励全社会积善成德、明德惟馨，形成崇德向善、见贤思齐、德行天下的浓厚氛围。 运用广大群众喜闻乐见的曲艺形式宣讲，直击人心、浸润心田，在为现场观众带去美妙艺术享受的同时，也在舞台上最大限度地呈现道德模范的丰富内涵、多彩人生和精神气度，生动鲜活地宣传全国道德模范感人事迹，培育和弘扬社会主义核心价值观。

刘兰芳老师非常看重这样的公益演出，时间短、任务重，要求15天之后演出。刘兰芳接到这个任务后，5500字的稿子，每天要求自己背上10遍，用饭前饭后、候车候机、车上车下等一切可以利用的时间抓紧背诵。这期间刘兰芳还不时地外出参加公益演出，还要看书、背书、改稿、到电台录制评书，还要……

功夫不负有心人，终于在第六届全国道德模范第一次演出中，刘兰芳一字不错的完美精彩的演讲，受到观众的好评。与会的文化部部长看后，情不自禁地夸赞刘兰芳"声情并茂、宝刀不老"！

而后，这个全国道德模范巡讲团开始在全国各地巡回演出30场。从祖国南疆到祖国的北边，横跨全国30多个省市，刘兰芳克服各种困难，跟团出演。

有人看到刘兰芳像年轻人一样走南闯北，参加这种公益演出非常辛苦，不解地问："刘老师，你这样辛苦，为什么？"

"观众喜欢我，我舍不得观众……"60年的艺术生涯，广大观众的喜爱，给了她评书艺术的坚守，也让刘兰芳心里时时放不下她的评书艺术，放不下她视为上帝的广大观众。

这次到廊坊演出，同台演出的成员大都是廊坊大厂文艺演出队的年轻演职员，是基层的乡镇演出队，观众也是当地的老百姓。但在刘兰芳心里，观众都是上帝，是她心里最神圣的……

我们的车，终于在午后3点到了演出地点。本来只需要两个多小时的车程却走了近5个小时。

下车了，刘兰芳连忙招呼演出队的青年演员，搬出后备厢里给他们买的几十斤橘子。年轻演员一边吃着橘子，一边高兴地叫着："刘老师好！刘老师真好！谢谢刘老师……"

德高望重的全国著名艺术家自己掏钱，给这些名不见经传的年轻演员买吃的，我都替他们感到幸福和开心。

这让我想起同他们一起巡演的第三场演出，刘兰芳看到演出队一位孕妇演员快要生产了还在上班，非常关切问寒问暖。后来听说这个孕妇生小孩了，刘兰芳拿出2000元托人转交给她。刘兰芳心里想得多周到细致啊！

在鞍山参加刘兰芳艺术研究中心落成大会时，刘兰芳听说一位老同事生病了，特地嘱咐人把他的儿子找来给拿了5000元；当时，看到一位同事的小孙子又给拿了2000元。在山东济南侯耀华的学生来看刘兰芳，刘老师不但接

待吃饭、安排住宿，又拿出2000元给他……这样的事情太多太多了！我想，这些都可以不做，可以不花钱买这些水果，也不用拿钱给小孩子、给学生等等，不做这些，谁也不能说什么。但是，刘兰芳时时处处认真地做。为什么？

我感觉，刘兰芳就像一位艺术之母，一位有广大博爱之心的人。她曾是中国文联副主席、中国曲艺家协会主席。她高瞻远瞩，关心每一位文艺工作者，关心他们的艺术成长、关心他们生活中的点点滴滴。她把关心每一位艺术工作者都当成己任。她把关爱送给了每一个人……

就这次，在同这些大厂文艺演出队的年轻演员接触时，刘兰芳也关心地问他们的收入如何，工资是否按时发放，是否有奖金，户口是否进大厂镇了等问题，她操心着每个文艺工作者，操心艺术之家，艺术大家！

到基层演出，有的地方演出条件不好，没有化妆室，没有更衣室，刘兰芳从来没有因为这个难为主办方，连连对主办方说："没事的，没有化妆室，我可以在自己的车里化妆。"

这次，我们在大厂演出，看见有一个更衣室，我就对刘兰芳说："我们到

035

这里换服装可以吧?"她说:"我不能到唯一的更衣室,你看,如果我去了,那些年轻的演员都会给我让这让那的,他们怎么办?"德高望重的刘老师,就是这样处处为别人着想,一点没有大演员、名演员的架子。

  还有一次,在冬季演出。由于换服装的地方距离演出场地远,刘兰芳穿好演出服,需要步行六七十米到剧场。刚走到剧场外边,有人过来要和刘兰芳照相,我看天这么冷,刘老师只穿单薄的演出服,担心冻坏了,就要阻拦。刘兰芳却用手示意我,不要拦。

  有时夏季演出完,刘兰芳老师的衣服里里外外都湿透了,裹着身体,非常难受。这时热心的观众争着抢着同刘老师合影留念,站成排。我看这样要上去阻拦,可刘兰芳太爱惜观众了,总舍不得拒绝他们的要求。

  现在已经退休的刘兰芳时间更加紧张了,刚刚录制完的66集评书《彭大将军》已经开始在电台播放,又接着准备录制《大汉刘邦》的评书,除此之外,参加各种公益演出等活动,她每天5点起床,看书背书,然后7点乘车去电台录书,一直忙到下半夜2点左右才休息,刘兰芳家的电视几个月不打开,她说没有时间看!

  舍不得观众,舍不得评书艺术,舍不得休息,在社会主义文化大道上,德高望重的刘兰芳永远前行!

2018年12月10日

文艺志愿者的一天

有着60多年艺龄的著名评书表演艺术家刘兰芳，还有一个光荣的身份，那就是文艺志愿者。

2018年2月16日清晨6点，天还没有亮，刘兰芳不顾昨日旅途的疲劳，已经在徐州博顿温特姆大酒店套房的灯光下开始化妆了。今天，她将参加由中宣部、中央文明办、文化和旅游部、国家广播电视总局、中国文联联合主办，由中共江苏省委宣传部等单位承办的2019年元旦、春节期间播出的"我们的中国梦"——文化进万家在徐州市贾汪区马庄村举行的启动仪式等一系列活动。

这次文化进万家活动，是遵循"实施乡村振兴战略要物质文明和精神文明一起抓，特别要注重提升农民精神风貌"的指示，把党中央对基层群众的真情关怀，广大文艺工作者对基层群众的深情厚谊和良好祝愿送到基层。刘兰芳与同来的文艺志愿者非常重视参加这样的活动，抓紧时间准备着……

时间实在是太紧张了，化妆、服装、整理箱包（演出后去车站），等我们准备好一切，已经到集合出发的时间了。早餐没有时间吃，只好到自助餐厅匆忙打包了点面食。

从我们下榻的酒店出发前往贾汪区马庄村。在车上，刘兰芳就着开水，

吃了个小馒头，算是早餐了。

在40多分钟的车程中，刘兰芳先在心里默默背诵了今天演出的段子，然后在百度搜索马庄村的风土人情和故事，得知：马庄村有全国最美丽的村庄之说；习近平总书记上任后第一个就来到马庄村视察，其间参观了张秀英香包工作室。当时，总书记问张秀英："香包卖多少钱一个？我买一个。""不要钱，送你一个。"总书记说："你们这也是产业，有成本，花钱买，也是对你们的支持……"这意外得来的故事太珍贵了，让刘兰芳非常兴奋，随即和导演商定，刘兰芳的演出，在原有节目基础上增加两分钟时间，讲述总书记在马庄村买香包的故事。

刘兰芳格外珍惜文艺志愿者这个称号，珍惜文艺志愿服务这个优质平台，她说："我在他们的现实生活中捕捉到了灵感，看到了他们丰富多彩的生活场景，看到了他们努力奋斗的工作热情，从中汲取了大量素材，丰富了我的文艺创作，这些是坐在大城市的书房里体会不到的。"

冬季的江南天气很清冷，在翘首盼望中，我们的车队终于来到了目的地马庄村大礼堂。只见这里张灯结彩，热闹非凡。礼堂院子里，摆满了非遗传承物品的展览展示：有吹糖人的爷爷，有写春联的农民书法家，还有各种花灯、面塑、剪纸等等，刘兰芳看到这些，连声说："太好了！我就喜欢这个！我们买点什么？"

当刘兰芳看见这里的农民，在张秀英的带领下发挥一技之长，做香包，有收入，尤其当得知，她们每年有20多万元纯利润的时候，非常高兴，连连赞许张秀英做了这么大的好事，当场就给张秀英和在场的人说了小段评书。张秀英赠送给刘兰芳一个棒棒小香包，刘兰芳把曾经花200多元买的水晶手串，赠送给张秀英留念。

9点半，启动仪式开始，刘兰芳是第五个出场。到马庄村演出，刘兰芳是第一次，村民曾经在广播、电视上听过、看过刘兰芳的评书，这次在自己的家乡马庄村能看到她本人，非常高兴。报幕员刚说"下面由著名评书表演艺术家刘兰芳……"台下掌声、欢呼声就雷鸣一样响起。

"马庄是个好地方，文化下乡展辉煌，说段评书来助兴，祝你们身体永健康！"刘兰芳昂首挺胸、精神抖擞走上舞台，"乡亲们，听说，习总书记来过马庄村，是吗？"台下村民非常自豪地高喊："是！"刘兰芳满怀激情地讲述总

书记自己花钱买小香包的故事，台上台下互动，会场情绪热烈极了！

党的十九大以后，习近平总书记到基层视察第一个地方就来到了徐州，来到马庄村，这么引以为骄傲的自己家乡的事，如今被刘兰芳搬上了舞台，观众怎能不高兴、不激动呢！

在节目时间规定内，刘兰芳又为老乡表演了评书贯口《祝你幸福康宁》，圆满地完成了今天的第一场演出。

各大新闻媒体的记者，都是捕捉新闻点高手，其中采访刘兰芳是他们渴望的，当看见刘兰芳从舞台下来，各种长枪短炮摄像机立刻都对准了刘兰芳。媒体有中央电视台、中国文艺网、中国艺术报、江苏电视台、徐州电视台等等。"文艺志愿者的活动您参加了多少次？有什么感受？""您把时代楷模的事迹写成评书艺术形式来宣讲是什么动力？"各种问题应接不暇。

刘兰芳说："参加文艺志愿服务演出，已经成为我常年演出中最重要的一个环节，有20多年了，参加500多场的演出，我都有记录的。我曾随文艺志愿服务演出队，到过祖国最北端大兴安岭，冒着零下30多度的严寒，到过祖国南部的万里海疆，曾在辽宁舰的甲板上等为战士们演出。战士们那被紫外线晒黑的皮肤，那流满汗水的脸颊，那沾满泥水、雪水的军服，我至今记忆尤深。每次演出完，看到战士们的笑脸，感到自己的苦、累，和他们相比都算不了什么，自己付出的心血再多，也值了！我还到过很多贫困山区演出，为基层百姓服务。

"这次到马庄村来，在演出时，看到观众那么热情地欢迎我们、感谢我们，但实际上，我更应该感谢他们，他们永远是我们文艺工作者创作的源泉。

"我最近在全国道德模范巡讲团，到全国各地参加了近30场演出，用评书形式讲述了隐姓埋名30年的导弹之父黄旭华《大孝唯忠》的故事，引起了很大反响。讲中国故事好，讲好中国故事……"

面对记者的提问，刘兰芳如数家珍、娓娓道来。

因为下午还有第二场演出，刘兰芳和其他演员都没有卸妆，中午就餐，也没有离开马庄村。

一直想同刘兰芳合影留念的，这时抓住机会了，利用午餐前后的空隙时间，排队照相。74岁的刘兰芳老师从早晨6点到现在，几乎没有一点喘息的机会。担心她累坏了，作为助理，我上前阻止。可是，太爱惜观众的刘兰芳还是示意我，不要拒绝他们。要知道，刘兰芳下午有一场演出，还有一堂业务辅导课呢！

　　江南的马庄村，中午也没有一点阳光，天气还是那么清冷。上午，为了演出效果，刘兰芳老师只穿了一件单薄的演出服。下午的演出地点与上午一样都在室外，面对台下远道而来的农民百姓，刘兰芳稍微整理一下，换了套服装，不知疲倦、满怀激情地又为观众表演了评书《康熙买马》。

　　这次文化送万家活动，队伍阵容实在是非常强大，以刘兰芳为首，还有书法、摄影、歌唱、舞蹈等多个艺术门类的精英：孙晓云、管峻、白雪、王莉、平安等等，这些文艺志愿者不但演出，还和当地的学员结成帮助对子。

　　这样的活动，刘兰芳当仁不让，午后2点30分，刘兰芳第二场演出结束后，立即参与演讲辅导：马庄村当地村民安排了6位演讲员，分别上台演讲。每个人演讲完，请刘兰芳即时讲评。

　　在场的农民第一次看到这样的名家讲评，感到非常新鲜和兴奋，都为刘兰芳准确、精湛的讲评鼓掌。这样现场讲评，演讲员受益匪浅，也让在场的观众学习了许多知识，增加了艺术欣赏力。

　　此时，时间到了午后3点30分，文艺志愿者的其他活动已经结束，艺术家们都已经上车，准备出发前往徐州东高铁站，乘坐16点47分的高铁返回北京。因此，带队的负责人对我说，现在只等刘兰芳老师上车，去高铁站了。见刘老师还被记者包围着，我只好提醒一下刘老师，掌控时间。可刘老师刚要上车，徐州电视台记者又采访问："刘兰芳老师，马庄村给你的印象如何？您最近有什么新作品？"刘老师说："我今年7月份刚退休，除了参加文艺志愿者演出和其他公益演出，还录制新书，前不久录制了66集评书《彭大将军》，现已经开播。目前正在录制80集的评书《大汉刘邦》，已经录制了20集，2月底争取全部录制完……"再不走，真的赶不上车了，我只好对记者说："不好意思，就到这吧，否则，赶车来不及了。"一车人在等刘老师，高铁不等人，为了大家，把刘老师拥上了车。

　　带着不舍和眷恋，我们的车终于启动，离开了马庄村，向徐州车站驶去。

　　从早晨6点开始，预计到北京家里晚上9点多，74岁的著名评书表演艺术家刘兰芳，在文艺志愿者服务的道路上忙碌了整整一天……

2018年12月18日

冰雪中的坚守

北京天气预报发出降温警报之时，刘兰芳老师接到演出通知，被告知："露天演出，演出时，要穿羽绒大衣，戴帽子和手套……"演出地点在寒冷的——武川！接到这样的演出通知还是第一次。

带着好奇和希冀，2018年12月27日，中国武川国际冰雪节嘉年华——孝行天下百城巡演走进武川活动，我随刘兰芳老师进入冰雪之地的呼和浩特武川。

刘兰芳老师是北方人，我也生长在北方。对于北方冬天的狂风暴雪，在东北生活时我们都领教过。尽管近期北京的天气降温到历史同期的低点，但是与呼和浩特武川相比，那肯定是小巫见大巫了。武川冷，但到底有多寒冷，没有亲身经历，还是没有太多的感觉。因此，对于这次露天演出，到底穿什么演出服，倒成为刘兰芳老师不是问题的问题了。

出发的当天，我们乘坐国航G59次航班，准时降落在呼和浩特机场。当机舱门打开的瞬间，一股强劲北风袭来，让我们倒抽了一口冷气。走出机舱，刘老师就对我说，她的皮靴子被风打透了。接下来怎么办？心里都没有底。我没有演出任务，因此从北京出来，就把自己全副武装了：靴子、帽子、手套、棉大衣等御寒的都用上，几乎走不动路了，就这样我还感到腿部被风吹得有点凉。好在接站的车很快把我们拉到呼和浩特大酒店，一切恢复正常了。

主办单位给我们安排得非常好，在温暖、舒适的酒店里，开着暖风，几乎忘记了外边的寒冷，找不到适应当地气候的感觉了。

刘老师说，为了这次演出，她在北京的家里花了很多时间试穿服装，最后带来了三套，看看哪套服装适合呼和浩特武川的冰天雪地。

我们住的地方距离武川有一个小时的车程。午后4点演职员到齐后，从酒店集体乘车，前往武川冰雪圣地。

武川是呼和浩特的一个县，有着1000多年的历史，文化底蕴很厚。由于地处山区，四周被山包围，使它成为一个占地近4500亩的盆地。尽管县城发展在不断提升，可至今还没有脱贫。市、县委领导为了尽早脱贫，积极努力着……

第二届国际冰雪节为了提高县城的知名度，打造品牌，开发旅游新产品，武川在努力着……

这次冰雪节请来了刘兰芳、克里木、于文华等著名艺术家，他们将为武

川冰雪节献上自己最精彩的节目，将为"孝行天下，百城巡演"的公益演出画上浓重的一笔。

呼和浩特去武川的路有几段还没有修好，我们的车队颠簸在黄土路上，看见道路两旁光秃秃的大青山——阴山，我们的车就在阴山脚下，一路前行。

终于看到中国武川国际冰雪节嘉年华——"孝行天下百城巡演走进武川"宣传广告牌了，快到武川冰雪节的会场了，我便开始寻找久违了的冰雪。

北方人对冰雪是有感情的，真的看到一片白茫茫的雪花，曾经家乡的冰雪不禁映上心头。那时每年冬天，我们家人都去滑冰。用尽千言万语来描写冰雪，都有诉说不尽的感受……

武川的天气真的冷啊，我拿出手机，想拍几张照片，结果一分钟都挺不住，冻得我赶紧把手放进棉衣袖子里取暖。

经过当地人介绍，我才惊讶地得知，武川的冰雪是人造的冰雪世界。场地很大，10多座五颜六色的冰雕把塞外的夜色点缀得很美。白茫茫的雪地上，搭建好的舞台大幕，不停地闪烁着冰雪节的主题和会标。演出还没有开始，游人逐渐增多，他们三五成群在雪雕前拍照。

我们车开进来的时候，有的道路已经戒严。不过，我们看见这样寒冷的天气，竟然有很多人在排队买票看演出，令我出乎意料！

演员候场是在冰雪天地间临时搭建的蒙古包，里面尽管采用了取暖设备，还是很冷。刘兰芳老师不顾道路冰雪路面湿滑，坚持到现场看表演舞台，这是每次演出前必须要做的准备，然后小心翼翼地走回蒙古包等待演出。奔波了一天，74岁的刘老师，不说自己的疲劳和寒冷，只是默默地让我帮助她粘贴了很多块暖宝：脚底、双腿、后腰、背部等地方，可见刘老师在默默忍受着寒冷，不做声响。

演出开始了，漆黑的夜空，不停地闪烁着冰雕上的斑斓色彩，空旷的广场洋溢着振兴改革的洪亮歌声，这些都为这冰雪节增添了无尽美丽。演员陆续上场演出，我从蒙古包出来看看其他演员在这寒冷的世界，穿什么服装演出：于文华老师，一身花色的棉衣裤，戴着耳套和手套；克里木老师以前是穿维吾尔族民族服装演出，这次天冷，改穿将校呢子军装出场，这样御寒、挡风。

刘兰芳老师要上场了，我把手套准备好了，劝刘老师戴手套，并建议刘老师穿上非常漂亮的红色羽绒大衣演出，可是刘老师坚决不戴手套，也没有穿大衣上台，而是严格按照舞台的要求只穿了带有蒙古族风格的服装昂首挺胸走上舞台……

结果，刘老师刚张嘴说台词，一阵风吹过来，不禁咳嗽一声，刘老师戗风了！我立刻担心。嗓子被风戗了，就如同游泳时被水呛了一样，一般都说不出话，不停地咳嗽，才能把气顺过来，那就需要时间了。可是只见刘老师立刻镇静下来，压低了声调，重新调整了语气，顺畅地继续进行下面的演出，我大为惊奇！

15分钟过去了，冰天雪地，零下20摄氏度的北风天气！认真、严谨、一丝不苟、精益求精，刘兰芳老师在冰雪中坚守着演员的情操！这就是刘兰芳老师的工作作风和艺术品德，也是刘兰芳老师评书艺术几十年不衰的原因所在！

演出结束后，我问起戗风的情形，她说，变换呼吸法，调整发声部位，结果化险为夷。刘兰芳真是技艺超群、德高望重，每次演出都非常认真做好各项准备，时时处处严格要求自己！

回到酒店，刘老师说，粘贴在身体各处的暖宝才开始发热。原来这些都需要提前粘贴的。后来听说，在这场冰雪节室外演出中，刘兰芳老师的手冻伤了，肿胀了很久才逐渐恢复功能。

冰雪中的坚守，刘兰芳的高大形象将留在我们的记忆中……

2018年12月30日

最佳合伙人

打开电脑，随意浏览有关刘兰芳老师的报道，突然看到刘兰芳在记者采访时说："我和我先生是生活、事业的最佳合伙人。""最佳合伙人"太准确了！随之，让我想起了很多……

前不久，在中国文联文艺之家的展厅，中国文联等单位联合举办"崇德尚艺、潜心耕耘"——中国知名艺术家成就展，展出了丁荫楠、尚长荣、刘兰芳三位艺术家的艺术成就。参观的人络绎不绝，挤满了大厅。

在刘兰芳艺术成就展区，刘兰芳老师各种演出的剧照、生活照片以及出版的各种评书书籍、评书磁带、评书广播带等，摆满了展台。作品丰富、内容翔实，充分展现了刘兰芳几十年的艺术成就和风采。这些展品强烈地吸引着参展的各位观众，大家详细浏览这些珍贵的资料，久久不愿离去。

去年，鞍山师范学院成立了刘兰芳艺术研究中心，2000平方米的展厅，也摆满了刘兰芳从艺各个时期的演出剧照和生活照片，及各种媒体的报道文章等，甚至有当年刘兰芳老师在电台录音的老式录音机……

在河南宝丰县的刘兰芳艺术馆展品也是琳琅满目，展出了刘兰芳各个时期创作、演出的作品、剧照、书籍、观众来信等。宝丰刘兰芳艺术馆，刘兰芳老师捐出5000多件藏品，如今展品还在源源不断地增加……

这些翔实的资料都是哪里来的？也许大家没有注意，这些展出的所有材料都是刘兰芳老师的爱人——最佳合伙人王印权老师几十年来亲手收集、精心整理的。

刘兰芳老师曾说："我写的哪怕只有几个字的纸条，王印权也当作宝贝收集起来。如今算起来，他收集整理的，有关我的各种材料摞起来，比我本人的个子还高……"

当我们流连忘返在这些展厅里，看介绍刘兰芳老师的这些珍贵的资料，看刘兰芳老师的艺术经验和成长历程，不能不想起幕后默默支持刘兰芳老师的爱人，也是刘兰芳老师说的——她生活、事业的最佳合伙人王印权老师。

从1979年刘兰芳播讲《岳飞传》开始，全国各大媒体采访报道刘兰芳的消息和文章多了起来，从那时起，王印权老师就开始搜集整理报道刘兰芳的文章，几乎每年装订一册剪报，多么大的耐心和毅力，多么费神的精心和细致，坚持常年做这些微不足道的琐碎事，在这些精心的收集里，都融入了王老师对刘老师满满的爱意。

如今，这些宝贝太珍贵了，都有了用武之地。不但让我们更加了解刘兰

芳老师的艺术之路和成长经验，给国家、给后人留下了无法估量的艺术价值，也给中国曲艺事业的发展历程提供了宝贵的材料，尤其在非物质文化遗产的传承方面做出了巨大的贡献。

一路走来，刘兰芳、王印权老师在艺术上携手走过了几十年，其中的苦辣酸只有他们自己最清楚了。

刘兰芳老师和王印权老师是1963年在鞍山曲艺团相识后结为夫妇的。"文化大革命"中，业务非常好的刘兰芳老师被下放到工厂参加锻炼。王老师则先后到了鞍山电台和鞍山文艺宣传队，担任编辑和创作员。

那时，我也在鞍山市文艺宣传队担任报幕员，而王印权老师是我们宣传队创作组成员。他的文笔非常好，创作的风格是速度快、节目立意好，因此，每次演出都受到观众的热烈欢迎。可后来，王老师把全部精力放在搜集整理有关刘兰芳老师的艺术资料中，自己的创作放在了第二位。

后来，刘兰芳携手王印权一起，在鞍山曲艺团创作演出，带领曲艺团发

展。也是从那时开始，刘兰芳老师不但认真完成好团里的演出任务，还经常被邀请到鞍山电台录书，播讲长篇小说和故事。

仅1978年，刘兰芳老师就在鞍山电台录制了《闪闪的红星》《矿山风云》《战地红旗》等一些新书。1979年刘兰芳录制评书《岳飞传》。

长篇评书《岳飞传》正式开播时间是1979年9月1日，为了这部书的录制播出，这对最佳合伙人刘兰芳、王印权老师真是费尽了心血、付出了辛苦。首先没有书稿，当时的书稿已经在"文化大革命"中丢失了，刘兰芳老师靠回忆，先写出书梁子，也就是整部书的故事梗概，然后同王印权老师一点点充实。他们还到鞍山图书馆等地或者向朋友寻找创作《岳飞传》的有关资料。

那时，由于地震等原因，刘兰芳老师家居住的房间很小，除了睡觉，家里没有放下一张桌子的地方，只好在走廊做饭的炉台上，铺上报纸就当桌子来创作。当时的情形是前半夜刘老师先写第一稿，写困了，然后把王印权老师叫醒进行修改。两个人像交接班一样，轮流创作、写书稿。天亮之后，刘老师背书稿，早晨8点准时到鞍山电台录音。那时，通宵改稿、写稿、录音是家常便饭。

《岳飞传》的播出，轰动了全国，它开创了演播史上前所未有的繁荣，也开创了文艺创作史上的里程碑，激发了广大人民对曲艺、评书这种艺术的关注和热爱，弘扬了中华民族真、善、美的优良传统。尤其在当时改革初期，拨乱反正的大气候下，《岳飞传》的播出已经完全超越了一部文艺作品的时代效应。

就鞍山的一件小事来说，有一天刘兰芳老师收到鞍山市公安局的奖励，非常奇怪，原来，在播放刘兰芳评书时段，人们都去听书，犯罪的人少了，社会治安好了。当然，这些也都是始料不及的。

随着刘兰芳老师的《岳飞传》在全国100多家电台播放后，鞍山电台的评书节目多次被评为全国语言类节目一等奖，负责录制评书的鞍山电台文艺部编辑李喜元，也因此被评为劳动模范。随之，鞍山被评为评书之城，在全国引起轰动。

刘兰芳老师也因为《岳飞传》的播出，成为全国家喻户晓的大明星。中国曲艺家协会主席陶铸的"万人空巷听兰芳"就是当时最好的写照。从此，王印权老师除了完成好自己主要的创作任务外，就把精力大都用于辅佐刘老师的台前幕后的事情了。

刘兰芳老师因为突出贡献，担任鞍山曲艺团团长，带领全团演员常年奔赴全国各地演出。刘兰芳老师提出曲艺团不要国家一分钱，自负盈亏。当年分成三个演出队，全国各地演出，一走就三个月，取得了很好的经济效益和社会效益。由于业绩突出，成为改革型的干部，被中国曲艺家协会上调到北京，先后成为中国文联副主席、中国曲艺家协会主席，刘兰芳肩上的担子重了，王印权老师也更加忙碌起来。

刘兰芳老师曾在《春妮的周末时光》访谈节目中说道："王印权的业务很好，水平也很高，为了我，舍弃了自己的发展，因此我的成功背后，有一半是他的功劳。"刘老师王老师真是相亲相爱一家人！

这让我联想起，每次到外地演出，我经常看见刘兰芳老师给王印权老师买礼品，心中时刻想着，给老伴买点什么，买王老师喜欢的，而且不惜价钱。一次我们在江苏东海水晶交易中心，刘老师看中一个发晶的手串，漂亮极了，可价钱很贵。刘老师想王印权老师肯定喜欢，毅然决然地买回来。我看见王老师的手腕上戴着这个发晶手串，真是情深意长啊。

刘兰芳老师成名后，有很多家媒体采访时问王印权老师：刘兰芳老师的名气这么大，作为丈夫是否有什么落差？熟悉的人都知道，刘兰芳、王印权老师在生活、事业上相濡以沫、珠联璧合，早使他们融为一体了。

全国人民都喜欢刘兰芳老师表演的评书，因此请她演出的络绎不绝。有的托朋友请，更多的是中国曲艺家协会、中国文联等组织的公益演出。只要有时间，刘兰芳老师都会有求必应，她说她舍不得观众。

王印权老师没有陪刘老师时，就托外地的朋友把刘兰芳演出的有关资料搜集起来，有关的报道邮寄过来。

有时演出繁忙了，刘老师也会有身体不舒服或者情绪疲劳的时候，这时，刘兰芳老师就会给王老师打电话，诉说自己的情况，电话那头，王印权老师热情洋溢的鼓励立刻驱散了一切，使刘老师立刻振奋起来，很好地完成演出。刘老师曾对我说："王印权几句话就好使，其他谁也不行！"这就是最佳合伙人的理解和默契！

　　曾经一个阴雨连天的早晨，我作为刘兰芳老师的助理，早早来到了南苑机场，准备陪同刘老师乘坐联航早班飞机赶往外地参加公益演出。

　　此时，我接到刘老师司机的电话，说他们正往机场赶路，由于南苑机场没有头等舱候机室，乘机人多，让我在里面排队，以便他们来到后即可办理行李托运等手续。

　　接连几天的下雨，候机室内人多、嘈杂，队伍排得很长。我同办事窗口沟通好后，就给刘老师发信息，来到候机厅后，在第一窗口会面，办理手续。

　　没过多时，司机小党推来刘老师的箱子，刚办理托运，就看见刘兰芳老师在爱人王印权老师的搀扶下，来到了候机大厅。让我感到非常吃惊的是刘老师一脸的疲惫，浑身瘫软，一扫平时的精气神，这是从来没有的事。

　　原来，由于天气原因，本来外出应该昨天上午到家的刘老师，却因为下

雨，航班延误到今天2点才到家，回到家后还要准备今天出发的物品，几乎一夜没有睡觉。又起早赶到南苑机场。而且之前已经连续几天没有休息好了。王老师不放心，亲自送刘老师到机场来。王老师非常心疼刘老师，可是已经约定的演出，没有办法推辞，刘老师也不会因此放下她视为上帝的观众，"舍不得观众"是刘老师常说的一句话。

望着王老师搀扶刘老师慢慢向安检口走去，我想，此时，王老师恨不能代替刘老师去承担这一切。这就是演员的职责，有多少时候，家庭有事、身体不适，也要准时出发！

望着互相搀扶的一对老夫妻慢慢走着，这又是多么深情的背影啊。

相互搀扶，一直到老，"老得哪也去不了，你还依然把我当成手心里的宝……"电视剧《最浪漫的事》主题曲中的歌词，涌上我的心头。

我和刘老师已经过了安检，回头望去，王老师还在原地没动，目送着自己的老伴刘兰芳，此时，关心、牵挂、爱惜、爱恋，都融在那久久的凝望中……

当晚的演出，又出乎我的意料。刘兰芳老师一扫早晨的疲惫，像打了兴奋剂一样，换了个人，精神抖擞、精力充沛，出色地完成了演出。刘老师也很兴奋，高兴地给王老师打电话，报告自己的演出情况。

每次，不管什么原因，有什么事情，只要刘兰芳老师一站在台上，就是气宇轩昂，精神抖擞，满满的气场向四面蔓延，久久不散……

刘老师和王老师是生活、事业最佳合伙人！心有灵犀一点通，互相支撑着、鼓励着向前、向前、永远向前……

如今，刘兰芳老师已经功成名就，但她还在热心参加各种公益演出，想推也推不掉，因为观众太喜欢了！刘兰芳老师常说："党对我不薄，要感恩。"

王印权老师现在全身心投入到刘兰芳演出等各方面的管理，精心打理刘兰芳艺术馆的等有关事宜，经常对刘老师说："要减压、要减负。"

生活、事业最佳合伙人：刘兰芳、王印权夫妇。

2019年初

春节去开封

春节，是中华民族传统的节日。每到春节，人们会从四面八方回到亲人在的地方聚在一起，享受着家人的天伦之乐、享受着一年的辛劳和收获。而也有这样一些人，每到节日，反而从家里走出，为了别人的节日过得更好而付出自己的辛劳。

大年初二，在阖家欢度春节之际，刘兰芳冒着凛冽的寒风踏上了祖国中原大地——开封。

早晨七点，我从家里出发，到首都机场T3航站楼，同刘兰芳老师一起乘国航CA1391次航班飞往郑州。一切顺利，经过两个小时的飞行，到达郑州后，我们又乘了近两个小时的汽车，于下午2点半多，到达了开封的演出现场。

我们知道，开封是中国五大古都之一、著名的八朝古都、国家历史文化名城，迄今已有4100余年的建筑史和建都史，孕育了上承汉唐、下启明清、影响深远的"宋文化"。是历史上清明上河图的发源地，美名远扬。

"琪树明霞五凤楼，夷门自古帝王洲。"

刘兰芳老师来过多次开封，对这里有深厚的感情，这里的人也非常喜欢刘兰芳的评书，所以，接到邀请，刘老师二话不说，不顾及自己家的节

日团聚，立马启程来到这里，为当地人春节助兴演出。

只用了半个小时，刘兰芳老师就做好了演出前的化妆、换服装等准备工作，随即登场演出。

演出场地是个露天大舞台，三面环坐。为了满足观众的要求，刘兰芳老师满怀激情地表演了20多分钟的评书节目，受到观众的热烈欢迎。由于天冷，在室外演出后回到休息室，手都冻得有点不太灵活了。

刘老师刚坐下来想换下演出服，这时，匆匆忙忙走进两位老人，说是姐妹俩。她们说，从很远的地方走了一个多小时路途赶过来，结果只听到刘兰芳最后两句评书，感到非常不满足、不过瘾，就到后台想看看刘兰芳。刘老师听到这情况，立刻说："我现在单独给你们俩再说段评书。"随口就说了一段《岳飞传》节选，受到在场人的欢迎和点赞，从心里佩服刘兰芳热心为百姓服务的大艺术家风范。

望着环坐在四处的热情观众，我想起2018年元旦，刘兰芳也是在农村为老百姓慰问演出中度过的。当时，公益演出结束后，刘兰芳老师还来到养老院，露天为养老院的老人们演出。至于刘老师为一个人说书的事迹就更多了。

刘兰芳时时处处严格要求自己，时时不忘艺术家的职责，不忘关心她、喜爱她的观众。

由于是春节期间，大相国寺热闹非凡。为配合2019年大宋上元灯会，寺内举办了各种演出。走到每一处都能看到各种表演,尤其是表演大宋时期的舞蹈、武术等,让人看得眼花缭乱。

在开封,自然要参观开封府。当地接待部门派出一位优秀的解说员,给我们一行人讲解,我非常认真地听着。可刘兰芳老师听了几句就着急地说,还是我来讲吧。因为,中国的历史都装在刘兰芳头脑里,她声情并茂、绘声绘色地讲解,像表演评书一样,太生动了!我们听起来丰富了知识,受到了教育,印象非常深刻。在场的都赞扬和佩服刘老师。我情不自禁地说:"刘老师你的知识太丰富了,能把你的头脑复制一下给我就好了!"大家听了都不禁笑了起来。

在开封大相国寺,有个寺庙乐团,非常活跃。为了传承中华传统文化,这个寺庙乐团到全国和世界各地演出,受到了极大的欢迎。受到邀请,刘兰芳老师也抽时间欣赏了一下寺庙音乐。刘老师说,这都是值得传承和发展的文化,也是中华民族文化的一朵奇葩,需要保护的。为传承中华民族优秀文

化，刘兰芳走到哪儿，宣传到哪儿，成为己任！

等我们回到酒店，已经夕阳西下了。这又是一次非常值得纪念的活动和演出。

2019年2月

刘兰芳乘马车

如果不是同刘兰芳老师一起出行，不会看到刘兰芳老师乘马车的英姿……

春节前刘兰芳老师的最后一场演出是到江苏赣榆，参加连云港市筑梦新时代、共创新未来——新春文艺晚会。

由于临近春节，去赣榆的车票非常紧张。主办方提前一个多月就开始给我们在网上抢票，结果，我的去程车票一直没有买到。没有办法，为了应急，给我买了张从北京飞往日照的机票预备着，而刘兰芳老师的则是从北京南站到赣榆的直达高铁票。此后，我一直在心里琢磨，这样的行程安排，我怎么来担起助理的责任呢？

这种担忧折磨我20多天，终于，在临近出发的前两天，接到李连伟老师的电话，他兴奋地告诉我说，车票抢到了……

当我同刘兰芳老师一起坐上了G481次开往赣榆的高铁时，望着车窗外的景色从眼前闪过，我感到从来没有的轻松和惬意。多么不容易啊……以至将近5个小时的车程，我一点都没有感到疲倦。

顺利到达到了赣榆，安排好一切，已经快午后两点钟了。刘兰芳老师抓紧时间休息，准备晚上演出。我则一个人打车去了海边和老城，把赣榆区的

在海头留影

景观大致游览了一下。

　　连云港市的春节联欢晚会，在当晚如期举行。这次，同台演出的还有著名小品演员郭达。这是我第一次在台下见到郭达，刘老师谦和地同郭达合影，也给我与郭老师照了张照片。

　　春节联欢会演出非常顺利，台上台下，欢声、笑声交融在一起，真是过节了，浓郁的节日气氛感染每一个人。几乎每个节目，观众席上都爆发出一阵阵热烈的掌声和欢笑声。到了刘兰芳老师的评书表演，晚会达到了高潮，应观众的要求接连返场、谢幕。

　　刘老师说，2019年的舞台演出在江苏赣榆谢幕，明天回北京去人民大会堂参加春节团拜会，完美收官一年的各项活动。此时，刘兰芳老师轻松地微笑着满足各位粉丝合影留念的要求，等这一切结束，距离演出结束已经过去一个多小时了。

　　北京往返赣榆的高铁，每天各一个班次，我们第二天回北京的车是下午4点25分，这样就有很长的空闲时间。刘老师特别珍惜时间，但是，想改签或者选择别的方式返回北京都已经不可能，因为农历腊月二十八了，距离春节这样近,哪有票啊,所以安下心来,老老实实按照原计划返京。

终于有空闲时间了,这对刘兰芳老师来说是不可多得的。刘老师说,我们利用这机会参观一下市容吧。

赣榆,是连云港市的一个辖区,2000多年前,从秦朝开始它就叫赣榆县,2014年赣榆县撤县建区。

近年来,赣榆区围绕建设"实力赣榆、生态赣榆、和安赣榆"的三大目标,按照港、产、城一体化发展思路,先后荣获全国综合实力百强县、全国科学发展百强县、中国最具投资潜力中小城市百强县、2018年度全国投资潜力百强区等荣誉称号。所以,游览赣榆,也是我企盼的一件事。

这样,第二天早饭过后,在当地有关部门的陪同下,我们一行五人乘车,沿路在赣榆区游览。看见有农贸市场的大牌子,也停下车,进去参观一下,看看菜品和物价的情况,与北京的差别。每到一地,体察民情、了解民俗,已成为刘兰芳老师的习惯。

随后我们又乘车来到了"海头",也就是海边。赣榆区拥有全省最长黄金海岸线和大面积的湿地和滩头。这里渔业发达,自古以来就享有"鱼米之乡"和"黄海明珠"的美名。

当我们乘车来到了海岸边"海头",我不禁愣住了。昨天下午我来的时候,看见"海头",一望无边的海水就在脚下,我只能在岸边请出租车师傅照个相,而今天,海水退潮了,很远也望不到边,变化可真大啊!

这时一位农村大嫂过来:"你们坐马车吗?"随即她手指岸边一辆马车说:"坐马车往海里走,每人20元,你们人多,就每人10元吧。"我对她的话一点反应也没有,也没有当回事,可这时刘兰芳老师说:"邵秋实,从我包里拿钱,我们坐马车!""坐马车。真新鲜!"我不禁在心里嘀咕着。

随即,我们这一行人同车老板来到马车前,先后上了车。"坐稳了啊!驾!"随即,车老板扬起手中的鞭子,就听见马蹄子有节奏地嗒嗒跑了起来……真的坐马车了!

看见刘兰芳老师兴致勃勃的,我不禁拿出手机说:"刘老师,我们来个自拍……"留下了难得的一张照片。

坐马车，来个自拍　　　　　　　　　刘兰芳坐马车向海里走去

这时，我们才清楚地看到，退了潮的海岸边上，露出了一排排铁丝栅栏。车老板介绍说："这是当地管理部门把海岸分给每户人家，包产到户，种植养殖各类海产品。"她随即指着远处一位穿着胶皮裤子的人说，那就是在他承包的海岸挖文蛤，每斤可卖6元钱。这里有海蛎子、扇贝、海带等各种海产品，靠山吃山、靠海吃海，在这里是最好的见证。

车老板自豪地说，他们吃海鲜从来不吃死的，吃活的海鲜新鲜味道美。

作为全国渔业百强县之一的赣榆，拥有62.5千米的黄金海岸，23万亩滩涂面积，拥有全省最长的沙滩海岸，108万亩近海、10米等深线浅海海域，7000平方千米的海州湾渔场，生产运输、渔需品加工以及水产品加工四大生产体系，贸工渔一体化、产加销一条龙，建成鱼、虾、蟹、贝多品种混养基地25万亩。创无公害水产品品牌10个……车老板热情地向我们介绍。

哎呀，没想到坐马车，让我们收获了这么多的知识及对赣榆区的了解。

刘老师就是这样不放过任何一个向社会了解民情和向社会学习的机会，从点点滴滴积累知识、积累对社会的了解。

马车在向海边跑去，眼看马蹄子已经踏进海水里了，还在往前跑。我禁不住大声说："别跑啦……"可能有点恐惧吧，车里其他人都笑了起来。我心想，这海水深不可测，不知深浅，刘老师的安全是第一位的。作为助理，我心里时时有这个最重要的观念。

马好像也知道了似的，放慢了速度，自己也开始往回转了。安全第一、原路返回，就这样马车掉头了。

车老板为了赶时间，不时地用鞭子打马屁股。刘老师心疼地说："别打了。它拉着我们这么多人够累的。"车老板说："我对它好着呢，天天半夜起来喂草。你们看，这马的毛色多好。"我也心疼地说："这马给你创收了，你需要犒劳它啊，给它吃零食吗？吃苹果吗？"车老板说："苹果、胡萝卜都可以。"可这马要吃苹果，需要吃多少啊？大家你一言我一语地说起来。

等我们从马车下来时，已经时近中午。刘老师说，找个饭店，我请客。

真是快过节了，娱乐无时不在。我们等待饭菜的空当，发现餐桌旁有个小桌，上面放着扑克。刘老师来了雅兴，说，来，我们玩一玩。

同刘老师外出，一直都在紧张的行程中，哪有这样的时间和闲情逸致啊。今天机会难得，没说的，几个会玩牌的加上不会玩的我，一起坐在了桌子旁，同刘老师愉快地投入为了荣誉而战的扑克大赛。

刘老师做事的认真劲儿，真是时时处处都在。就是玩扑克，也是非常认真、严谨。哪张牌已经出去了，还有什么牌在谁手里，她都能分析得清清楚楚，心里有数，而且记忆力非常好，让我佩服极了。在刘老师身边，时时处处受益匪浅！

尽管我们玩的时间不长，但愉快的心情洋溢在赣榆之行。乘马车和玩扑克是意外的收获和开心！

2019年2月

百花迎春

百花迎春——中国文联春节联欢会是全国所有艺术家向往的舞台，也是全国广大观众最喜爱的文艺节目之一。

以往，每年春节，我最盼望看的节目，就是中国文联主办的百花迎春演出，胜过中央电视台的春晚。因为，我在基层文联工作了近30年，自然对文联情有独钟，时刻关注中国文联的一切信息和活动；还因为中国文联是全国文艺工作者之家，百花迎春，是每年一次的全国各个艺术家协会联谊、艺术家相聚的舞台。在这里不仅能看到全国优秀的艺术家们的风采，还能看到最新最美的文艺节目。只是做梦也没有想到，在我的一生中还能有机会走进人民大会堂百花迎春的演出现场。

2019年春节前，我跟随刘老师进入百花迎春——中国文学艺术界联合会春节联欢会的会场，刘兰芳老师被邀请参加2019年中国文联春节联欢会演出。

约定上午10点，在人民大会堂东门进入会场，做演出前准备，下午2点实况录播演出。

到人民大会堂参加活动，一般都需要事先报备，实名制登记，审查非常严格。我推着服装箱，同刘兰芳老师一起准备进入，结果我被挡在了门外。

没有我准入的信息，不知问题出在哪里，我只好等下午1点，拿请柬随观众入场。

徘徊在人民大会堂南门，此时，北京已经进入冬季，可没有一点寒冷的感觉。尤其我惦记着刘老师，这么重要的演出，助理起不到作用，心急如焚。

终于，检票的时间到了，我是第一个进场的观众，然后直接绕到后台找刘兰芳老师。

中国文联春节联欢会聚集了全国各个文化艺术界的名人、专家。每位艺术家，把能参加中国文联的春节联欢会，当作一生的幸福、荣耀。我听刘老师说，有很多演员宁肯自己花钱也想参加百花迎春的演出，但那是不可能的，因为，中国文联的百花迎春是文艺界级别最高的演出，不是花钱就能参加的。

后台管理非常严格，按照演员情况，分成几个化妆室。保安防止有人进去同明星拍照、签名，扰乱后台秩序，管理很严，没有演员证件一律不得入内。

我刚走进后台,就看见电影演员黄晓明在采访区接受记者采访,旁边等了很多要同他拍照的追星族,还看见李幼斌、林永健等人,在这里他们都是普通人,各自忙碌着。找人心切,根本没有精力注意什么明星、大腕。我不顾一切地横冲直撞,终于找到刘老师化妆的地方。

此时,刘老师正在准备换服装,我随手接过一切,助理正式上岗!

真的,都是明星、大腕,就等于没有没明星、没有腕儿,尤其在这春节联欢会的舞台。演出后台,化妆师、服装师、演职员们进进出出,显得很忙乱。

百花迎春会场除了演员和嘉宾,大都是文艺界的各方代表。演员占据很大比重,化妆间是原来的几个会议室临时改用的,而且这样重要的演出,请来的化妆师,几乎占满了休息室的空间,真的连换服装的地方都没有了。男演员还好办,女演员只好自己找隐蔽的地方换服装了。

刘兰芳老师的节目是开场式,她同著名评书演员田连元分别站在舞台的左右两边的高台上,代表各个艺术家协会向全国观众拜年、送祝福。

刘兰芳老师曾担任了几届的中国文联副主席、中国曲艺家协会主席等职务。中国文联百花迎春这样的重要演出都让给别人参加。她只作为组织者参与领导工作。2018年刘老师退休后,2019年的百花迎春节目组找到刘兰芳,刘老师觉得应该支持一下,就答应了这个邀请。

会场张灯结彩,红红火火,充满了喜庆、祥和。场内摆放了几十张大大的圆桌,桌上放着贺喜的剪纸及写着嘉宾名字的牌子。演出时间快到了,刘老师第一个出场,便早早到后台备场,我同刘老师约定她演出结束,我们在舞台的右边会合。

真是明星荟萃啊,往常在电视上看到的面孔,在这里都入眼底。你看吧,王晓棠、谢芳、陈道明、奚美娟……数不尽的演员、画家、书法家、歌唱家、舞蹈家等全在现场!有的追星族则挨着桌子同明星拍照留念。是啊,机会太难得了,一下子集聚了这么多全国明星大腕,除了春晚,再也没有这样的机会了。可我不愿意打扰会场秩序,还是安静地坐在自己的位置上,默默看着。

午后2点整，欢快的开场曲响起来了，中国文联2019年春节联欢会演出正式开始。随着欢快的曲子，刘兰芳老师神采奕奕、精神抖擞，微笑着出现在舞台右侧的高台上，向观众招手、致意。伴着欢快喜庆的乐曲，她高亢、洪亮的声音响起："中国戏剧家协会给全国人民拜年啦！祝您家和人美、好戏连台！"紧接着，田连元站在舞台的左侧高台上："中国电影家协会给您拜年啦！祝您福影相随、幸福开心！"刘兰芳老师又接着："中国音乐家协会给您拜年啦！祝您笙歌相伴、悦由音生！"先后中国美术家协会、中国书法家协会、中国舞蹈家协会、中国曲艺家协会、中国摄影家协会、中国电视艺术家协会、中国杂技家协会、中国文艺评论家协会及中国文艺志愿者协会都分别给全国人民拜年。随着每个艺术家协会拜年，该艺术家协会的主要领导手持祝福牌匾登场亮相，充分显示出各个艺术家协会带领全体会员为繁荣社会主义文艺团结奋进的风貌，这就是中国文联春节联欢会与中央电视台春节联欢会最大的不同之处。中国文联的组织、联络、协调、指导的职能在这里得到充分的展现！

我坐在台下，看着刘老师的演出，激动地想拍照，可是距离舞台中心太偏了，没有照出好的照片。

刘兰芳老师从艺60年，经过自己的努力、拼搏，历任几届中国文联副主席、中国曲协主席等职务并荣获"全国劳动模范""德艺双馨艺术家"等各种光荣称号，真是艺术精湛，事业辉煌，

受到全国人民的喜爱。至今已经76岁，还在中国文联百花迎春的舞台展现出卓越的艺术风姿，真让人敬佩！

我正想着，刘老师参演的开场式结束了，看见刘老师走下舞台，我连忙迎了上去。"在哪儿换服装呢？"我发现在人民大会堂侧面的通道有屏风，我顺手把屏风一拉，围成个圈说："刘老师你进屏风里换服装，我在外边看着。"等刘老师换好了服装出来，非常轻松地说："多亏你能找地方，否则还真没换衣服的地方呢。"得到刘老师的肯定，尽管是微不足道的小事，也让我欣喜了一下。

刘老师的演出任务完成得非常圆满，这时，她便作为领导嘉宾到主席台前的大圆桌就座，我则坐在远处，注视着刘老师的一举一动。

百花迎春的精彩演出进行了3个多小时，我非常愉悦地享受在国家级的艺术表演中。

演出还在继续，因为刘老师还有其他活动，在演出途中，我随刘老师提前离开了会场。

在走廊处，看见了著名歌唱家郭兰英，她同刘兰芳老师打招呼，并合影留念。刘老师对我说，你也照一张吧。我太高兴了，连忙站了过去，留下这张同著名歌唱家郭兰英合影的照片。这张珍贵照片也足足让我炫耀了一阵子。

刘老师非常善解人意，我同她在一起经常有一些明星、大腕同台演出，刘老师多次给我与他们拍照留念，大大满足了我追星的心愿。

在人民大会堂的金色大厅，我还和刘老师留影。这是我参加中国文联百花迎春活动的纪念，尽管我只是个助理，也是我一生值得骄傲和荣耀的事。在刘兰芳老师身边，我大大地开眼界、见世面，学习了很多书本上学不到的知识。

感谢刘老师的信任，敬佩刘老师的辉煌！

2019年2月4日

马街书会

马街书会，是中华曲艺传承历史中的一朵奇葩，是国家第一批非物质文化遗产代表性项目，也是"中国十大民俗"之一，被誉为"世界最大规模的民间曲艺大会"和"全国民间曲艺人的精神家园"。

马街书会盛于明清。至今已有700多年的历史。每年的农历正月十三，是马街书会开幕的日子。这一天，在马街村马街书会会场人山人海，来自河南、河北、安徽、山东、湖北、陕西、四川等地的曲艺艺人欢聚一堂，负鼓携琴，引喉高唱，各种曲种应有尽有，规模壮观，形成了全国民间艺术的奇伟景象。在这里，以天为幕，以地为台，以曲交友，说书亮艺；在这里，一天能看千台戏，三天胜读万卷书……

马街书会如雷贯耳，非常期盼能到马街书会一饱眼福。

而我亲临马街书会，亲眼看到马街书会盛况是在2019年正月十三。全国文联原副主席、中国曲协原主席、著名评书表演艺术家刘兰芳及其创作团队一行50多人，来到了河南省宝丰县马街书会。我十分荣幸地观看了马街书会的全程。

今年马街书会举行的是打擂台赛演出，就是所有来到马街书会的曲艺艺人、团体，包括刘兰芳演出队，自己设立舞台，观众也是自发地随意到哪个

刘兰芳在演出，去马街书会的人络绎不绝

擂台前观看演出。这样的演出非常有挑战性和激励性，也具有极大的考验性。

刘兰芳是名人，届时能有多少人来到她的擂台前看演出呢，何况这已是刘兰芳第十八次来马街书会演出了，我们在心里琢磨着……

正月十三，马街书会的正日子，我做好一切准备，赶往书会会场。

一路上看到的景象让人惊喜：一家家男女老少，兴致勃勃，扶老携幼，欢天喜地，赶往会场；一辆辆私家车，争先恐后，开往会场；一群群人，欢天喜地，络绎不绝，拥向一个方向。马街书会啊，太壮观了！

远看，马街书会会场红灯高高悬挂、彩旗猎猎，大横标语随风飘荡；近看，一个个民间自建的舞台，大大小小数不胜数，因为，连普通的三轮车都是舞台，一人拉弦，一人开唱，热闹极了！河南梆子、河南坠子、河南豫剧、评书、快板、山东琴书、河北梆子、湖北渔鼓等各种曲种异彩纷呈展现在各个舞台上。据说，参加演出的人员中最大的年近80岁，最小的10岁左右，真是全民是演员，全民是观众。这曲艺大餐我第一次看见，各种风情尽收眼底。

举办方曲艺搭台，经济唱戏，无数商品摊位经营特色小吃，各种小商品琳琅满目，应接不暇。总之，不亲身来到马街书会，感受不到这里繁荣、壮观的景象。后来听说，据不完全统计，这届马街书会有38万人参加，可谓盛况空前。

按照计划，擂台赛在约定的时间拉开大幕。我们第一次来到马街书会，对这样的参加打擂台演出心里没底，琢磨着到底能有多少观众来到刘兰芳老师的台前看演出呢？这实在是不可预测的未知数，心里忐忑不安。因为你总不能去组织观众来到这个舞台前吧，而且还都是站在露天的寒冷中观看。

作为助理，我的主要任务是用手机拍照，搜集刘兰芳老师从事艺术活动的资料，要最大限度地把刘老师活动的经历用照片、文字保存下来。所以，我事先做好了准备，带两个手机，争取拍出刘老师演出时的最佳状态。

演出正式开始了，让我感到惊讶的是刘兰芳老师的演出擂台前，竟然聚集了几万人！太让我兴奋了！这宏大的场面是以前在剧场里看不到的。我跑前跑后抓拍演出中的奇闻逸事，选择最佳角度拍刘老师参演时的盛况，累得满头大汗，但拍出的照片都不太理想。因为我抓拍不到刘老师演出时整体的和正面的照片，也拍不全观众的照片。演出进行中，我总不能跑到舞台前去

拍照吧。

　　我四处找角度拍照，这时来到舞台的右边，突然，看见一个人正在操作无人机拍摄。啊！这种现代化东西第一次见到：只见他操纵的屏幕上显示出整个演出全景，刘兰芳老师正在表演，观众场面宏大气魄。拍摄的效果太震撼了！手机拍照是永远达不到的！我知道这就是人们说过的无人机拍照。

　　这时，长期从事组织联络工作的能力显现出来了。我连忙说："老师，您好！我是刘兰芳老师的助理。您能给我留个联系方式吗？您用无人机拍摄的照片太好了！能把你拍摄的照片转发给我，我再转发给刘老师吗？"

　　对方听说我是刘兰芳的助理，爽快地答应了。留下联系电话后，我则站在他的身旁看他选择角度操作着无人机。我希望得到刘老师演出的正面照片，便说："可以让无人机拍摄的角度再靠前一点吗？再靠前点……"

　　会后，摄影师把用无人机拍摄的照片发给我，效果出奇地好。演出结束后，我把这些照片转发给刘兰芳老师时，从不愿意让人拍照、一贯低调的刘老师也情不自禁地说："好！非常好！"

　　当我把如何得到这些照片的来由说给刘老师时，她说，怪不得演出时，那个无人机在我头前不停地嗡嗡作响，心里讨厌极了，没想到是你在幕后操纵的。而我呢，当时只想到拍摄好的照片，一点没有想到刘老师演出时的感受。好在留下了珍贵的照片！

　　从照片里看，刘兰芳老师演出的擂台前，人山人海，场面宏大，这就是无人机拍摄的效果。

　　从中看到，尽管刘兰芳老师已经来到马街书会演出18次了，还是这样受到人民的欢迎和爱戴。实践证明，马街书会刘兰芳老师团队擂台赛大获成功！

　　这张珍贵的照片真实地记录了刘兰芳老师在马街书会演出的盛况！也记录了马街书会的壮观和繁华。这次参加马街书会留下这一张照片就值了！

2019年2月

刘兰芳的艺术之家

我们都知道，著名评书演员刘兰芳出生在辽阳，12岁来到鞍山，在鞍山生活工作了37年，于1996年调到北京工作，现生活定居在北京。可以说，辽阳、鞍山、北京都是刘兰芳的家。但刘兰芳说，我还有一个家，一个艺术之家，那就是河南宝丰！

说起宝丰县，马街书会如雷贯耳！宝丰县的马街民间曲艺盛会已经连续700多年了。每年正月十三，来自全国各地的民间曲艺艺人，天当幕、地为台，山冈上、田地里，携琴负鼓，自娱自乐。评书、快板、三弦、河南坠子等各种艺术形式在这里表演，异彩纷呈。一日能看千台戏，三天可读万卷书。最多时有几十万人参加，可谓壮观，形成了中国民间艺术的奇观景象。

由于马街书会独特的民间艺术表演魅力和深厚的文化底蕴，被誉为"中国十大民俗"之一，宝丰县也因此被国家有关部门命名为"曲艺之乡"和"中国民间艺术之乡"，2006年被国务院正式公布为"第一批国家级非物质文化遗产"。

著名评书表演艺术家刘兰芳从1981年就来到马街书会演出，到2019年，与宝丰马街书会结缘已经整整38年了（2020年到2022年这三年因为疫情停办）。每年正月，顶严寒，踏冬雪，在马街书会搭台演出、倾情献艺，为民间艺人喝彩，教新人说书，培养新人，收宝丰双胞胎为徒弟，赠送书籍、音像制品，甚至送钱送物等等，为宝丰马街书会的繁荣、发展立下了汗马功劳。刘兰芳表示："我早已将宝丰马街当成了自己的又一故乡，我要做的不仅是每年在马街说几天书，而是要留下文化，留下好的艺人，留下一块传承基地。"基于刘兰芳为中国曲艺事业做出的贡献，为马街书会做出的付出，为了提升马街书会在全国的影响，提升宝丰县在传承中华传统文化中的作用及推进自身建设和发展，2016年，宝丰县投资9000万，建立刘兰芳艺术馆。

我在2019年2月16日，随刘兰芳老师来到马街书会。看见了刘兰芳艺术馆的宏伟壮观，目睹了马街书会的繁荣景象。太让人震撼了！

刘兰芳艺术馆仿明清风格古建筑群，外观古朴、典雅，内饰高贵、精美，是中国北方典型的四合院落格式。艺术馆的主体建筑包括入口门楼、主体艺术馆、多功能厅等，总占地面积19771平方米，总建筑面积12229平方米，其中艺术馆建筑面积5530平方米，户外广场面积6699平方米，古香古色，成为马街民俗文化园区内最重要的场馆之一。

参观刘兰芳艺术馆，3000平方米的展厅，各种展品琳琅满目。这些都是

刘兰芳为了感谢宝丰县人民的厚爱，倾其所有，将毕生的心血和收藏无偿捐献给了艺术馆，包括创作手稿、名人字画、音像制品、宣传画册等3000多件，为艺术馆留下了传统曲艺的宝贵财富。如今刘兰芳的藏品还源源不断地输送到艺术馆，不断地增加。

说一个小插曲，有一次陪刘兰芳老师在外地演出，刘老师往家里打电话，没有人接；给爱人王印权老师打电话，也没有接。刘老师又给司机小党打电话也没有接，奇怪了！想了一会儿，聪慧的刘老师马上判断，他们去买石头了。后来果然验证如此。今天，刘兰芳艺术馆门前刻着"精忠报国"四个字的大石头，就是他们当时花了4万元买来的。遇到有人赠送的字画等很多精彩礼品，刘兰芳老师都让送到宝丰刘兰芳艺术馆……

现在，刘兰芳艺术馆已经成为宝丰县的重要文化场所、宝丰县的标志性建筑。艺术馆成立后，先后有很多人来参观，学习中华民族的传统文化，了解刘兰芳为中国曲艺做出的贡献。也有大学院校来与刘兰芳艺术馆合作，成立曲艺传承实践基地，共同开创以"马街书会说唱文化"为主要形式的曲艺传承与创新发展新模式，实现双方共同发展的美好愿望。宝丰县延续700多

年的说唱文化生态保护取得飞跃发展，文化资源多方位的社会功能和文化价值得到充分的发挥。

刘老师亲切地说："我对宝丰、对宝丰人民有着深厚的感情。宝丰是我的家，是我的第二故乡。"

"马街授予我'荣誉村民'称号，我引以为荣，在父老乡亲面前，我就是你们的闺女，是你们贴心的小棉袄，为你们送温暖、送欢笑是我一生的追求！"

"今天，宝丰政府为落实党的十九大精神，花巨资、费心尽力建成了刘兰芳艺术馆。虽然这个艺术馆是以我命名，但这里不是我个人的家，而是全国各地说书艺人的家，欢迎大家来这里歇歇脚、喝喝茶、亮书献艺、交流经验、安家落户，共建曲艺数据库，为弘扬中华优秀传统文化出谋划策，共商大计。"

刘兰芳到马街书会，推动了中国民间曲艺事业的发展；刘兰芳艺术馆的建立，带动了全国曲艺事业的繁荣。

如今，马街书会已经形成规模，民众参与广泛深入，演出内容丰富多彩，影响辐射区域庞大，广大曲艺民间艺人以书会友，切磋技艺，为传承民间文化彰显其价值。

　　评书表演艺术家刘兰芳见证了马街书会近40年的成长历程。在接受中央电视台采访时，她动情地说："宝丰人民热爱曲艺、热爱评书，举办马街书会已经有700多年历史，目的是弘扬我们中华优秀传统文化，使我们的评书发扬光大。每次来到马街书会都特别亲切，是一种到家的感觉。我1981年来到马街书会，到现在有38年历史了，38年来我是宝丰县以及马街书会的见证者，见证了它的繁荣发展，到现在宝丰人民、马街书会的观众依然如此喜欢我，想听我说书，真是让我受宠若惊，说明评书这门古老的民间艺术有强大的群众基础，我每次来都非常激动。现在又建了这么大一个艺术馆，无论是人力、财力，宝丰县都给予了很大支持。我真是无以回报。我热爱宝丰、热爱马街书会，只有更好地为马街书会的观众服务，为全国的父老乡亲服务，说好书，多说书，同时要把宝丰也宣传出去，助力我们宝丰经济腾飞、这里的人民发家致富！宝丰是我又一个故乡，我的艺术之家！"

2019年2月

墙里开花墙里红

跟随刘兰芳老师几次回到家乡鞍山参加活动，都让我惊喜万分。这鞍山的父老乡亲怎么就看不够刘兰芳呢？是呀，真的是看不够。你看，那热火朝天的欢迎场面，人山人海的。要知道刘兰芳离开鞍山已经25年了，几乎每次回到家乡鞍山，都是这样。火一样的热情，洋溢着喜爱的情感。我禁不住对刘兰芳老师说："常言道'墙里开花墙外红'，刘老师您是墙里开花墙外红，墙里也红啊……"

著名评书表演艺术家刘兰芳曾在鞍山生活工作了37年。刘兰芳表演的评书《岳飞传》在全国引起轰动后，被调到北京，担任中国文联副主席、中国曲艺家协会主席，主持全国的曲艺艺术事业，足迹踏遍了祖国各地山山水水。

鞍山千山梨花节，是为了推动鞍山的经济发展，提升城市的知名度，招商引资的桥梁，已经举办30多届了。今年，刘兰芳又被请回鞍山，参加鞍山千山梨花节的开幕式等系列活动，并表演评书《康熙买马》。

当刘兰芳从车上下来，一踏进千山正门，就被热情的鞍山人围住了，有很多人想一睹刘兰芳的风采，也有些人借机想同刘兰芳拍个照片，合影留念。也是，刘兰芳平时生活工作在北京，能在这里见面，是多难得的机会呀。

非物质文化展览是千山梨花节内容的一部分。在千山正门，来自鞍山很

多非遗的传承人，在自己的摊位前，展示着自己的作品。

刘兰芳一看见这些，立刻走不动步了，喜欢看，一定买，是我多年跟随刘兰芳得出的结论。果然，走到一个卖手链的摊位前，刘老师买了好多条象征吉祥的手工制作的带有民族特色的手链，并请卖家给戴上。我知道，刘兰芳买的是一种心情，也是一种支持。

我护着刘兰芳向千山大门内走去。可现在的人，可不管你怎样，实现自己的目的是最主要的。尤其是那些年龄大的舞蹈演员，已经化好妆了，还是一个劲儿地向刘兰芳靠近，把我挤得几乎站不住脚，我还不能得罪这些热情的观众，观众是演员的上帝呀！

为贯彻落实鞍山市委、市政府关于"四产融合、协调发展"的工作方针，进一步展示鞍山的发展成果，打造千山梨花节活动品牌，丰富鞍山旅游产品多样性和文化内涵，2019辽宁（鞍山）春季旅游启动活动暨千山梨花节开幕式在千山风景区正门拉开帷幕。刘兰芳同鞍山领导为千山梨花节开幕剪彩。

千山梨花节举办得热烈，梨花节开幕式、文艺演出精彩纷呈、高潮不断，精美的舞台效果及壮观的艺术表现形式令现场嘉宾及游客朋友深感震

撼。著名评书表演艺术家刘兰芳为观众送上精彩评书《康熙买马》，著名歌唱家殷秀梅演唱了《我和我的祖国》等精彩节目。集文化、旅游、体育、健康于一体的千山梨花节吸引着众多游客来观看。

　　文艺演出结束后，全体嘉宾前往千山景区的无量观广场，在这里举行"千山书场"揭匾仪式，刘兰芳等有关领导为千山书场揭匾。随后，千山书场首场演出就此开场，刘兰芳又率领弟子们演出了精彩节目。评书、评话、快板等，让在场的观众过足了瘾。据说，千山书场为鞍山曲艺表演搭建了很好的平台，对丰富群众的业余文化生活，繁荣曲艺是非常好的事，刘兰芳老师大加赞赏。据说，辽宁千山旅游集团还将陆续邀请国内著名演员在"千山书场"进行名家曲艺专场表演，来丰富大家游千山看演出的文化之旅。

　　看这里欢乐的人们，看这精彩的活动，在鞍山，刘兰芳是墙里开花，墙外红，墙里也红吧！

2019年4月

用生命，坚守着文化自信

曲艺评书经过几千年的历史传承与积淀，发展到今天，这种凝结着中华民族文化瑰宝和民间审美情趣的艺术形式，更加彰显其独有的价值和意义。

刘兰芳从艺60年，用卓越的智慧和超人的担当，怀着艺术家的使命感和责任感，用生命坚守着文化自信，为中华曲艺文艺评书的传承、发展做出了巨大贡献。

从曲艺发展史，我们可以看到：一个或者几个优秀的演员出现，可以使一个艺术品种兴旺发展起来。

刘兰芳的《岳飞传》，开创了评书艺术前所未有的辉煌，成为当代曲艺艺术表演的顶峰，一个里程碑，也重新燃起广大民众对评书艺术的关注和热爱，提高了传统民间文艺的地位。其产生的艺术价值和历史价值是不可估量的！

我非常荣幸作为刘兰芳老师的助理，跟随刘老师，有机会近距离接触刘兰芳，目睹了全国各地观众对刘兰芳老师的喜爱、崇敬；对刘兰芳评书艺术的欣赏、赞美；也看到刘兰芳如何用生命，来传承、发展评书艺术，为中国曲艺事业做出贡献。

《岳飞传》已经播出40年了，可《岳飞传》的情结40年不衰，这在曲艺发展史上是少有的事。跟随刘老师，走到哪里，听到的都是"刘老师，当年，我是听你评书长大的""那时，我们放学跑着回家，听你的评书""刘老师，我爸爸妈妈最喜欢你的评书了""爷爷奶奶让我给你带好"等等，如雷贯耳。没有亲眼所见，你想象不到观众是多么喜爱刘兰芳，也想象不到刘兰芳的名气有多大！

刘兰芳曾担任中国文联副主席、中国曲艺家协会主席等职。

在任时，刘兰芳曾多次组织国际的、全国的曲艺艺术节及各种赛事的曲艺活动，为中国曲艺的传承、交流、发展、繁荣做出了巨大贡献。不仅如此，刘兰芳不管工作再忙，也没有放弃自己的评书业务。她坚定一个信念，做好本职工作外，每年最少录制一部新书。在她担任要职期间，利用节假日一切个人休息时间，编写、录制了11部大书。

文艺是时代前进的号角，是时代的风向标。实现"两个一百年"奋斗目标，实现中华民族伟大复兴的中国梦，文艺的作用不可代替。60年来，刘兰芳一直用自己的艺术实践，坚守着这份文化自信。

2018年7月，刘兰芳老师正式退休。74岁的年龄，在退休后半年的时间里，她更加为文艺服务于基层、服务于大众、服务于时代的进步，辛勤耕耘着、奉献着……

她编写、修改、录制了《彭大将军》66集；编写、修改、录制了《大汉刘邦》79集；到全国各地参加第六届全国道德模范巡演30场；参加共计百场的公益演出，还有其他各类文艺活动等等。多么巨大的艺术劳动！

曾有一次，从外地回到北京分手时，我说："刘老师，这会儿回家可以好好休息一下了。"刘老师说："哪啊，我回家要改稿子，今晚最早到夜里12点，明天早晨5点钟就要起来背稿子，7点钟从家里出发到电台录音……"刘老师还说："家里的电视几个月不开一次，根本没有时间看！"

在参观刘兰芳艺术馆时，我们看到几百万字的书稿，和刘老师写的厚厚的笔记，这只是为曲艺事业贡献的一点点写照。在我们欣赏刘兰芳评书时，其背后付出的辛苦真是无法想象的。

刘老师的评书稿子每集最少5000字，一般是5500字左右，最少需要看四遍：熟悉稿子、修改稿子、细致修改，第四遍心里默背。有时稿子不理想，那就不知道看多少遍了……修改过程，也是不断构思和不断创作的过程。这样算起来两部作品要看近300万字的书稿。刘老师常常从晚上8点坐下来改稿子，一坐就到深夜12点以后。我曾问过刘老师，现在养生节目说，晚上熬夜不好。刘老师说："习惯了，舍不得时间睡觉！我几乎每天后半夜2点睡觉，早晨6点起床，有条件中午睡一会儿。"

中国文联的一位女干部曾说，刘老师的一生等于几个人的一生。笔耕不辍、创新不断；生命不息，说书不止。用生命在为曲艺事业奉献着。

60年来，作为德艺双馨的艺术家刘兰芳坚持演出"节目质量第一、社会责任至上"的原则，对艺术精益求精、一丝不苟。

刘兰芳老师已经连续参加了六届全国道德模范巡演。这次刘老师演讲的是我国核潜艇之父黄旭华隐姓埋名30年，研发我国核潜艇的英雄事迹——《大孝唯忠》。

这篇稿子5500字，10多天的准备时间，刘老师拿到稿子，随身带，走到哪儿看到哪儿，抓紧一切时间背诵，飞机上、动车上、候车时。她给自己规定每天最少背诵10遍，我听后感到非常惊讶。刘老师背诵时，经常被英雄事迹感动得流下眼泪。

功夫不负有心人，在北京"二七"剧场，全国第六届道德模范首场演出中，74岁的刘兰芳老师一字不错，满怀激情、铿锵有力的演讲，受到一致好评。在场的文化部领导兴奋地评价说："刘兰芳，声情并茂、宝刀不老！"

随后，刘兰芳同道德模范巡讲团奔赴全国各地30多个城市，从南到北，一天两场演出，非常辛苦。但刘老师总是以艺术家饱满的热情参加。

刘老师说，道德模范的故事与通过评书宣传正能量的理念是一致的，把模范人物的先进事迹、优良传统用生动形象的语言和充满趣味的故事讲述出来，是当代评书人的责任与担当。

前不久，人民网请刘兰芳老师用评书说两会，又引起了轰动。这次"兰芳评书说两会"，不但及时宣传了党的会议精神，也对评书发展、对传统文化传承起到了不可估量的作用。这是媒体播报新闻形式的重要突破和创举，引起了全社会广泛关注与共鸣。

"兰芳评书说两会"共计15集，其中刘老师在外地邢台演出的时候，赶上"兰芳评书说两会"第七讲。晚上8点多，王印权老师把刚拿到的新闻评书稿子发给我们，请宾馆帮忙打印出稿子，刘老师马上进入准备状态。尽管是在宾馆房间里，面对这神圣又庄严的录音演讲，我感到神情紧张、小心翼翼。刘老师熟悉稿子非常认真，有的字音拿不准，查百度。我当时还不会用手机录音，急得团团转。后来请一位年轻人的帮助，录好后，转发给王印权老师，再由王老师传给有关单位。这场通过网络连接邢台与北京之间的"兰芳评书说两会"录制完成以后，已经接近午夜了。

讲好中国故事，弘扬民族文化，建设社会主义精神文明，评书是一种有效的艺术形式。在现代社会的今天，评书要占有一席之地，必须不断创新和发展，不但内容上要新，表演形式上也要有变化，了解观众的喜好，适应当前的审美需求，刘兰芳老师在艺术实践中不断探索着……

刘兰芳的评书表演几十年不衰，因为刘老师每场表演都非常认真，不论演出场地、演出对象。

表演要贴近生活，生活中的事用艺术形式表现出来，这样的演出，艺术感染力非常强烈，演出的效果也非常好。

每到一地，刘老师都在百度上查当地的文化历史、风土人情，也向当地的人了解名胜古迹、奇特物产等，然后即兴创作，当观众听到自己家乡的人和事，通过刘兰芳的表演说出来，感到非常兴奋和鼓舞，在一阵阵热烈、欢快的笑声中，场内的气氛立即活跃起来，台上与台下融合一起，互动起来，每次演出效果非常好。

前不久，我听说刘兰芳去湖北武汉讲《岳飞传》，其中有一段说岳飞和金兀术刀枪对打，结果金兀术的刀有个豁口，而岳飞的枪没有一点伤的痕迹，据说这是古代的钨钢造的。这时，刘老师改成说："岳飞的枪为什么没有一点痕迹，钢好哇。听说这是武钢的钢造的，武钢的钢好哇！"说到这里台下观众全笑了。刘老师的评书创造性地坚持"古书新说"，为评书的传承发展起到很好的推动作用。

刘老师说："文艺创作要来源于生活。人民群众，就是我创作的源泉。我在他们的现实生活中捕捉到了灵感，丰富了我的创作。"每场演出，都是这样，刘老师用当地的事例，融合在评书表演中。

演员和观众的关系是鱼和水的关系，刘兰芳老师几十年的演出经验，非常了解观众喜欢听什么，总是针对不同的观众、对象演出，创作出脍炙人口的即兴节目，拉近演员和观众的距离。每次我站在舞台的边幕条，看刘老师演出，同台下观众一起享受在刘兰芳精彩的评书艺术中，我常常情不自禁地对刘老师说："刘老师你说得太好了，太好了！"

每次演出刘老师需要带几套服装，根据背景板的颜色，来决定穿哪套衣服，细致到极点。

2018年1月1日，刘老师不顾节日全家团聚，来到天气寒冷的长春公主岭公益演出。在养老院室外演出时，很多演员都穿大衣等生活装，可刘老师不怕麻烦，不怕寒冷，打开箱包，换上正式演出服装。

内蒙古呼和浩特武川冰雪节，在四处被冰雪包围的演出场地，当晚气温零下十八九度，演出方告知要穿羽绒大衣演出，可刘兰芳老师为了演出效果，没有像其他演员戴手套和耳套等防寒物品，因为刘老师心中装着一团火，没有感到冷，结果演出后，手都冻肿了，过了好久才恢复知觉，这样的事情数不胜数。

刘老师参加各种演出，每场都圆满完成演出任务。天津首届全国曲艺展演开幕式、扬州评书擂台赛等等，刘兰芳老师走上舞台，立刻带来一股旋风，强大的磁场和感召力，把观众吸引过来，一起进入刘兰芳的评书情境。

中国文联志愿者协会邀请刘兰芳去重庆巫溪演出，下飞机后乘车三个多小时，重庆是山城，延绵的山路、盘山道，两边是立陡的悬崖，然后到目的地就马上演出，刘兰芳不怕辛苦，说自家的事肯定去！

中国文联活动中心邀请刘兰芳去河北崇礼等地演出，需要坐三个多小时的汽车，那天上午参加中国文联颁奖，会议进行到11点，中国文联活动中心主任陪刘兰芳出发了。为了赶路，中午没有时间吃饭，买个汉堡凑合。崇礼是2020年冬奥会主办地，演出场地非常寒冷，刘老师说这是自家的事！

在文艺志愿者活动的仅一天时间里，刘兰芳老师先后奔赴不同地点的两场露天演出、一场业务辅导课、现场即兴讲评；参观香包工作室，看见83岁的张秀英老人没有时间看演出，刘兰芳还专门为她说了一小段评书。这么大的付出和奉献，刘老师总是说："这是自家的事！"使命感和责任感，刘兰芳用生命无怨无悔地奉献一切……

有人问，刘老师，您这么大年龄了？为什么还这样辛苦？刘老师说："观众喜欢我，喜欢我的评书，我也舍不得观众！"

有一次早晨6点多，在南苑机场等候刘老师，准备到外地演出。这时，看见王印权老师搀扶着刘老师走来，刘老师表情非常难受，浑身疲惫得拿不起个来。我从来没有看见过刘老师这样的精神状态。原来飞机延误，使刘老师连续几天没有休息好，昨夜更是无眠。但是已经定好的演出活动，刘老师不愿意让观众失望。舞台就是战场，身体不舒服，也要照样演出。我们都进检票口了，王老师还恋恋不舍地、远远地望着刘老师。

有一次，刘兰芳老师去安徽省蚌埠市怀远县演出，安排好住宿，刘老师就急切地让我查，这里是否有个农民文化馆？在哪里？我搜尽了也没有找到。

原来35年前，《岳飞传》在全国播放不久，刚上任不久的怀远县李县长头脑灵活，想邀请刘兰芳来怀远县演出，筹集资金。她知道，农民老百姓都喜欢刘兰芳，爱听她的评书，肯掏钱看演出。这样既满足了农民对文化的要求，又能筹来钱，改变县城建设，一举两得，便写了封信派人找到时任鞍山曲艺团团长的刘兰芳。能帮助农民改变家乡面貌的演出，刘兰芳立刻答应了，随后便带领鞍山曲艺团来到怀远县。

据说当时整个县城引起轰动，像过节一样。路两旁挂满了彩旗、标语。县委书记、县长到火车站迎接，全县警车开道，农民群众夹道欢迎，场面非常感人。那时的演出，刘兰芳几次被淳朴的农民感动得流下热泪。

不负众望，刘兰芳带领曲艺团走遍了怀远的11个乡镇，露天演出了两个月，演出收入9万元，把其中的7万元赠送给县政府盖文化馆，另外2万元交给曲艺团。那时，演出票价1毛钱一张，刘老师的工资是61元，9000元可以买辆拉达汽车。就这样，多年之后又来到怀远县。

当地司机把我们拉到老街找找看看，来到一个挂着怀远县文化馆的牌子的院子前，有个人走出来一问是这里的馆长。刘老师同他说起35年前的事，他说："就是这个馆哪！我们都知道是你带领鞍山曲艺团捐款建造的！"刘老师一听，激动地一边打量着院子一边自言自语："都还在呀……"

这是个三层小楼，在怀远这个贫困县，周围破旧的街道伫立着一座古典风格的建筑，白色的墙面，翡翠绿釉的瓦顶，凌空的飞檐，雕空的窗棂，古香古色的风格在这里显得特别突出，所以怀远县都知道这是刘兰芳捐款修建的文化馆：1000平方米的主楼、两个大厅、六个活动室、配有1500平方米的大剧场。为了感谢刘兰芳，把主楼起名为"兰芳阁"。如今这里成为文化馆办公地和培养青少年艺术人才的基地了。刘兰芳在这里演出能不受欢迎吗？

刘兰芳大爱无疆。

在我和刘兰芳的接触中，看到刘老师爱观众、爱演员、爱身边的一切人的例子太多了。

在鞍山参加刘兰芳艺术研究中心落成大会时，刘兰芳听说一位老同事生病了，特地让人把他的儿子找来，给拿钱；鞍山的老同事多，一会儿抱来个小孩叫奶奶，刘老师给拿钱，又抱来一个叫奶奶，刘老师没有钱给了，让王印权老师快拿钱来。侯耀华的学生来看刘老师，安排食宿又给拿钱，曾经到外地演出，看见一位熟悉的演员要生小孩，又给拿钱。刘老师到基层演出给年轻演员买成箱的橘子等水果，关心地问他们的收入等问题，嘱咐他们好好学习，钻研业务。在外地乘车的司机，刘老师也给磁带等礼物感谢他们的服务，这样的例子说不完。

我感觉，刘兰芳就像一位艺术之母、一位有广大博爱之心的人，关心着每一位文艺工作者，关心他们的艺术成长，关心他们生活中的点点滴滴，她把关心每一位艺术家当成己任，也关心周围的人，把关爱送给了每一个人！

60年的艺术生涯，广大观众的喜爱，给了她评书艺术的坚守，也让刘兰芳心里时时放不下她的评书，放不下她视为上帝的观众！

《岳飞传》播放40年的纪念会，是对中国评书发展的又一个推动和激励。

把中国曲艺评书艺术融入生命的刘兰芳，用感恩的情怀，在使命感和责任感中，怀着对文化坚定的信念，担当着、坚守着、奉献着，为传承祖国优秀的民族文化，不断前行。

2019年4月

刘兰芳从艺60周年暨《岳飞传》播出40周年座谈会

5月的北京，阳光灿烂，暖风徐徐……

23日上午，由中国文联、中国曲协主办，中国文联曲艺艺术中心承办的刘兰芳从艺60周年暨《岳飞传》播出40周年座谈会，在中国文联文艺之家报告厅隆重举行。中国文联党组成员、副主席李前光出席会议并做重要讲话，中国曲协主席姜昆发来书面讲话，中国文联、中国曲协有关部门领导、曲艺家、学者、刘兰芳的徒弟学生、鞍山市和宝丰县的领导等共100多人出席了会议。

座谈会回顾了刘兰芳老师60年从艺经历和《岳飞传》播出40年的巨大影响，总结了以刘兰芳为代表的老一辈曲艺艺术家的创作和表演经验。

刘兰芳从1959年进入鞍山曲艺团，至今从艺整整60年。特别是1979年，刘兰芳与其先生王印权合作整理编写的评书《岳飞传》由刘兰芳播讲，经由全国近百家电台播出后，举国轰动，产生积极的社会影响。时隔40年，《岳飞传》的魅力依旧不减，刘兰芳老师仍然活跃在评书表演的舞台上。

60年来，刘兰芳坚持老书新说、旧书新评，为中国曲艺事业的继承和发展、繁荣和创新做出了巨大贡献。弘扬主旋律，始终坚持把社会效益放在第一位，不断增强作品和表演的思想性、艺术性、观赏性；做到雅俗共赏、寓

教于乐，坚持艺术理想，潜心艺术实践，提升艺术修养，升华艺术主题，坚持文艺为人民服务的方向，时刻怀着对党和国家的忠心，对曲艺事业发展的匠心，不忘为人民写书、为人民说书，颂扬新时代。

在座谈中，中国文联党组成员、副主席李前光，中国曲协副主席、中国艺术研究院曲艺研究所所长吴文科，中国曲艺评书艺术委员会主任杨鲁平，中共鞍山市委常委、秘书长郭志强，宝丰县文化广电和旅游局局长金晓辉，沈阳音乐学院副院长、教授冯志莲及刘老师学生、苏州评弹团副团长王池良等领导和嘉宾纷纷发言。

中国曲协主席姜昆在书面讲话中认为，回顾和总结刘兰芳同志的艺术道路和艺术成就，研究和探讨她的艺术特色和艺术经验，对于推动评书艺术在新时代的传承与创新，促进曲艺事业的繁荣发展具有重要的意义。

吴文科评价，刘兰芳同志是共和国培养起来的一代曲艺大家，是伟大时代中杰出文艺家群体中的重要代表。她以精湛的评书表演艺术拓展了评书传播空间，提升了评书的艺术影响，有力地推进了曲艺乃至整个文艺的发展。

杨鲁平认为，刘兰芳同志有坚定的政治信仰、执着的艺术追求、高尚的艺术品德，她的艺术表演敢于创新突破，敢于否定程式化的自我，能博采众长，融合新的艺术元素不断提高进取。她努力践行习近平总书记有关文艺的重要论述，为广大曲艺工作者树立了榜样。

郭志强代表鞍山家乡人说，60年来，刘兰芳同志始终把自己的艺术之根扎在家乡的沃土中，她以独具一格的艺术造诣、脍炙人口的评书佳作、无比深厚的表演功底、令人崇敬的艺德艺风，完美诠释了评书的博大精深和艺术魅力。刘兰芳同志德艺双馨的优秀品德、无私奉献的人格力量，是所有文艺工作者值得珍惜和传承的精神财富。

刘兰芳老师在工作中，以身作则，身先士卒，为曲艺事业的艺术发展、人才培养和制度建设，投入了大量精力，做了许多卓有成效的工作。她积极倡导和推动中国曲协"送欢笑"活动，在社会上产生了广泛影响，成为中国文联和中国曲协的知名品牌，得到中央领导同志的充分肯定。

宝丰县文化广电和旅游局局长金晓辉在说起马街书会的盛况时激动不

已。他认为，正是有了刘兰芳同志和广大曲艺家、曲艺工作者的关心和积极参与，马街书会才能有如今的规模。"宝丰的群众盼望着刘兰芳老师再次登上马街书会，希望她能常回宝丰'家'里看看。"……

刘兰芳在致答谢词中数度哽咽。她表示，正是有了党和国家的悉心培养和广大曲艺界同仁的关怀鼓励，自己才能有今天的成绩。一花独放不为艳丽，百花齐放才是春，在这个伟大的时代里，自己要为曲艺事业的繁荣发展继续贡献力量，把自己的艺术经历传下去，把青年曲艺工作者带起来，让曲艺百花开起来，把中华文苑装扮起来。

当天晚上，还举行了刘兰芳从艺60周年暨《岳飞传》播出40周年专场演出。中国文联党组书记、副主席李屹，中国文联副主席赵实，中国文联党组成员、副主席李前光等同首都观众一起观看了演出。

2019年5月

长春之行

仲夏的春城,暖风洋洋。2019年6月25日,长春的名门大酒店名人荟萃,热闹非凡。怀着振兴中国曲艺东北大鼓情怀的艺术家们从全国各地汇集在这里参加东北大鼓理论研讨会。

由中国曲艺家协会、中共吉林省委宣传部、吉林省文联主办的"弘扬传统文化,保护传承非遗"东北大鼓理论研讨会暨"不忘初心、牢记使命"吉林省曲艺工作者主题培训活动在这里举行。

中国曲艺家协会名誉主席、著名评书表演艺术家刘兰芳,吉林省委宣传部、省文联等有关领导及来自全国的著名专家、学者,东北大鼓表演艺术家,民间艺人近200人参加了会议。

东北大鼓有300多年历史,2000年被国家列为非物质文化遗产项目。流传、活跃于民间的东北大鼓,深得东北人的喜欢。随着时代变迁,东北大鼓人如何顺应时代发展,创新、传承中华民间曲艺曲种东北大鼓,与会者展开了热烈的讨论。

刘兰芳满怀激情地说:"很荣幸能够参加这次东北大鼓理论研讨会,感谢吉林省文联等各级领导对东北大鼓这门民间艺术的挖掘和保护,让东北大鼓这优秀的民族艺术再度得到发展和传播。

"我从小就生在东北大鼓艺人家庭,对东北大鼓情有独钟,东北大鼓我曾唱了20多年。最后一次,我把东北大鼓带到澳门演出之后,东北大鼓的演出就少了。《岳飞传》播出后,说和唱的发声部位变化,我就基本不唱大鼓书了。我们知道,东北大鼓是流行于东三省等地的中国北方曲种,由清乾隆年间子弟书唱腔传入沈阳后,与东北民歌相结合衍变而成。

"东北大鼓,原叫奉调,发源于沈阳,后来传到吉林、黑龙江和内蒙古,变成了东北大鼓。东南西北几派,就因为流派纷呈,构成东北大鼓音乐五彩缤纷,是我们曲艺百花园中的奇葩。哪派都好,互相学习,通过这个平台,提高各自的技艺,为繁荣我们的优秀传统文化东北大鼓,大家多做贡献。"刘兰芳说起东北大鼓情深意长,侃侃而谈。

"随着社会的进步,各种艺术蓬勃发展,文化传播形式的快速更新,使东北大鼓渐渐淡出了人们的视线,现在好多年轻人都不知道东北大鼓,更别说领略它的艺术风采。东北大鼓被列为第一批非物质文化遗产名录,东北大鼓也迎来了春天。

"吉林省文联、吉林省曲协真抓实干,大力弘扬发展东北大鼓艺术,吉林有人才。在我的记忆中,吉林的曲艺很好,吉林的二人转在全国叫响。希望东北大鼓在新形势下再创辉煌。"

刘兰芳老师自从说评书《岳飞传》后，已经有30多年没有正式演出东北大鼓了，但她对东北大鼓情有独钟。我经常听到刘老师随口演唱东北大鼓《红枣情》《刑场上的婚礼》《满江红》等等。

在会议期间，刘兰芳利用一切机会同东北大鼓演员切磋技艺，并亲自上台表演了东北大鼓。尽管同琴师配合略显生疏，但刘兰芳韵味十足的演唱为大会奉献了最精彩的东北大鼓，成为整个活动的焦点和高潮。

刘兰芳看到吉林的琴师很多，也大加赞赏，并鼓励东北大鼓的琴师说，三分演唱，七分琴师，可见琴师的重要，要培养琴师。

在刘兰芳的带动下，东北大鼓书的演员开始排队，争着抢着上台演唱。到了开饭的时间，也不肯错过这个表演机会，就为了能得到刘兰芳老师的指教。有的表演者没有带表演器具，刘老师主动将自己的板子借给他们使用，得到在场众人的赞扬。

看到此情景，刘兰芳非常欣慰，随即告诉大家一个好消息：沈阳音乐学院即将举办50人东北大鼓研讨班，国家专项基金，不用自己交费，想学习的赶紧申请报名。会场立刻响起一片掌声。

刘兰芳老师在著名艺术家进机关座谈会上还以个人的经历深情地回顾自己多年来在党和国家的关怀下"不忘初心、牢记使命"和人民艺术家如何为人民服务、一路成长的奋斗历程。她说，文学艺术界联合会要为文艺工作者服务，团结艺术家，努力为人民奉献更好的精神食粮，创作出更多的文艺作品就是为人民服务，就是文艺工作者"不忘初心、牢记使命"。

刘兰芳还用"爱国、敬业、勤奋、服务"来教导自己的徒弟学生要自觉遵守的行为准则。

座谈会中刘兰芳还为大家表演了评书《康熙买马》及《岳飞传》选段。

这次研讨会由于有刘兰芳的出席，不但会议讨论深刻，会场热烈，也使东北大鼓的传承发展又上了一个新高度。

大家一致认为：东北大鼓具有久远的历史性，清晰的传承性。为了使东北大鼓在民间活跃、发展、传承，建议在吉林榆树建立东北大鼓基地，举办"大鼓节"。让东北大鼓扎根吉林，扎根东北，立足中国，走向世界。

作为跟随刘兰芳的助理，我参加了整个会议全过程。我深深感到，这次研讨会，是对东北大鼓这一民间非遗曲种进行的一次理论性探讨和对东北大鼓未来发展方向的一次前瞻性指导，也是对东北大鼓传承保护工作的一次非常有利的总结。它所产生的作用，必将引领东北大鼓事业的发展，提升东北曲艺发展的艺术水平，满足人民群众对美好生活的期待，激励全国曲艺工作者开创振兴发展的道路。

我还深刻感到，在陪同刘兰芳老师外出近两年的时间里，这次是刘兰芳老师最辛苦的一次出行。

其一：在北京，为了东北大鼓理论研讨会的发言，刘兰芳老师几天前就在百度上查有关资料，并且写出数千字书稿打印成册，费尽了心血；其二：倾情演出了评书和东北大鼓；其三：在参加活动结束后，回到酒店不休息，教授自己学生一个多小时打板，而且把自己的手背都打青了；其四：参加吉林省文联举办的艺术家走进省文联机关活动进行讲座；其五：创作了党员宣誓的东北大鼓唱段，亲自组织排练，并接受多家新闻媒体的采访等。

紧张繁忙的长春之行，刘兰芳主席几乎没有休息时间，为中国曲艺事业的发展繁荣再写新篇章。

刘兰芳老师真不愧为中国文学艺术界德艺双馨的艺术家！

2019年6月

培养人才从娃娃抓起

刚从外地返回家中的刘兰芳放下行李，不顾休息，直接乘车前往位于北京南四环的星光梅地亚大酒店。中艺赛系列活动2019第十二届中艺盛典开幕式在这里举行。

中艺赛系列活动2019第十二届中艺盛典以关注公益、关爱健康、关注成长为主题，以民族团结、协调发展为宗旨，以保护青少年发展、促进青少年全面发展为目的，已经连续举办十二届了，如今已经成为国家艺术类的品牌活动之一。

每次活动先从地方评选出使者和形象大使，选出的优秀青少年艺术表演者到北京参加最后的各类演出、评比，对优秀人才进行培养。

赛事的评委邀请了很多全国知名的艺术家：刘兰芳、耿莲凤、王洁实、张华敏等近30位艺术家担任大赛评委。来自全国各地参赛的学生及家长共有近2000人参加了大会。这场赛事将为观众献上精彩的视觉盛宴。

刘兰芳老师在开幕式对参赛的小朋友做了精彩的发言，首先祝贺他们在全国基层选拔后来到北京参加决赛，并谆谆教导他们要"好好学习，天天向上"，做祖国事业的接班人。在艺术上，要遵循习近平总书记的教导，坚持社会主义文化自信，弘扬中华优秀传统文化，培养人才从娃娃抓起，为繁荣文

艺、为社会主义精神文明建设做出贡献。而后，文艺节目演出开始。

预计参赛节目分门别类共进行三天的比赛，最后评出优胜奖及优胜组织单位。选出优秀的文艺节目将来参加各类演出。

今天到会的部分艺术家也和孩子们同台表演了节目，为这次赛会增加了色彩。我在比赛演出现场，看到小选手们认真表演节目，看到辅导老师焦急地渴望自己的学生能做到表演最好，也看到很多家长不辞辛苦，陪着学生从全国各地来到北京参加比赛，感触很深。他们中有许多都是一名学生参加比赛，同时来了几名家长陪同。我也暗暗算了一笔账，这期间的来往路费、住宿费、餐饮费、参赛费等一定会花费很多，但，为了孩子的成长，一切付出都是值得的！

有的家长坦言说，我们这次来北京，对孩子参加比赛，拿不拿名次不重要，重在参与，重在为了让孩子见世面，在成长的道路上，经历过就可以了！

在比赛间隙，参赛的老师和家长，看见刘兰芳老师都争先恐后地让自己的孩子同刘老师合影留念。这也是对孩子的一种激励。刘兰芳老师非常善解人意，不顾在外地出差的疲劳，也不顾刚刚演出的辛苦，微笑地满足了他们的愿望。

　　培养人才从娃娃抓起。这是刘老师对培养文艺事业接班人一贯的倡导。因此，热衷于全国青少年的公益演出活动，热心培养青少年，刘老师都是积极热情参加，并从各方面给予极大支持和帮助。

　　刘兰芳老师心中时时想着中国文艺事业的发展和进步！

2019年8月

抢拍到一张值得炫耀的照片

2019年8月4日午后1点30分,刘兰芳应邀来到在北京朝阳区平房大戏院,参加孙敬修杯全国语言艺术大赛颁奖大会。来自全国各地参赛的学生、老师及家长共有2000多人出席了颁奖大会。

作为助理,我提前到了会场。只见大戏院门前人来人往,热闹非凡。很多老师在组织学生入场,而有些外地的家长手里还推着行李箱,准备参加完颁奖大会就启程回家。现在家长真是重视对孩子的培养,很多都是一名学生参赛来了几名家长陪同,可见,培养孩子是每个家庭的头等大事。

孙敬修杯全国语言艺术大赛是由我国著名故事大王孙敬修在1988年命名的,由他的弟子肖君先生创办。

为了继承并弘扬孙敬修讲故事事业,丰富少年儿童的课余文化生活,培养他们勇于探索的创新精神和善于解决问题的实践能力,由北京市少年宫发起,及有关单位协助,自1988年以来已成功举办了31届孙敬修杯全国语言艺术大赛。

著名表演艺术家于蓝、田华担任大赛总顾问。刘兰芳老师作为嘉宾已经连续3年参加赛事了。

这个活动以喜闻乐见的形式丰富了少年儿童的精神生活,培养了他们的语言表达能力，使其在参与中思想感情得到熏陶，综合素质得到提高。因此也受到了党和国家领导同志的关注，全国人大常委会原副委员长顾秀莲同志给予题词："弘扬孙敬修精神，让孩子们在故事的思想品德熏陶中健康成长。"

据说，这届比赛参赛的故事作品全是自主创编的，目的是通过讲故事的形式，展现新世纪少年儿童的精神面貌和艺术修养。

会上，刘兰芳老师代表到会的各位艺术家讲话，她说："小朋友，我是说评书的刘兰芳。说评书就是讲故事，希望你们讲好中国故事，早日成才，为国家做出贡献。

"讲故事，首先要理解故事的核心内容，把故事的重点表现出来；要口齿伶俐，声情并茂，还要有形体的配合，这样才能把故事讲得栩栩如生，感动听者，做一个优秀的小故事家。

"今天你们从全国各地来到祖国首都北京，参加这届孙敬修杯故事大赛，我预祝你们取得好的成绩！"然后，刘兰芳老师还即兴给在座的观众表演了评

书贯口。

　　主办单位提供表演平台、学校老师热心组织、学生自己积极努力、家长高度重视，是这次大赛取得圆满成功的要素，也是让学生从小进行艺术培养的途径之一，这些对学生的成长将留下不可磨灭的印象。

　　会上，刘兰芳、田华等嘉宾为获奖者进行了颁奖，并和获奖者一起合影留念。

　　这次活动让我感到非常高兴的是，我抢拍了一张刘兰芳老师和田华老师的合影。她们衣服色彩艳丽、笑容灿烂，是我陪同刘老师参加各项活动抢拍下的最值得欣赏和喜爱的照片之一。老艺术家的风采无与伦比！我经常拿出来向别人炫耀。你看，是不是很好呢？

2019年8月

在刘邦的故乡讲刘邦

沛县，是汉朝开国皇帝刘邦的故乡，是汉文化的发祥地。400多年的大汉王朝，在中国历史上有非常重要的位置，被史学家称为"汉唐盛世"。

2019年8月29日上午，由中共徐州市委宣传部，中共沛县县委、县政府等单位主办的刘兰芳新编长篇历史评书《大汉刘邦》首播仪式在刘邦故里徐州沛县举行。

为贯彻落实党的十九大关于"坚定文化自信、推动社会主义文化繁荣兴盛"精神，弘扬中华民族优秀传统文化，在社会各界的大力支持下，著名评书艺术家刘兰芳老师的97集新编长篇历史评书《大汉刘邦》，首播仪式后将在全国200多家广播电台播放。

首播仪式上，刘兰芳老师说，她虽然已经退休了，但她是说书人，用评书讲好中国故事，弘扬传统文化，是她一生的职责。

《大汉刘邦》长篇评书共97集，从刘邦的青少年时期讲起，讲述了他闯荡江湖、扶弱抑强、胸怀博爱等鲜为人知的故事以及在三年亡秦、五年灭楚的战争岁月中，他尊重人才、礼贤下士、南征北战、纵横沙场、最终一统天下的精彩篇章。

回顾历史，刘邦开创的400多年的大汉王朝对中华民族的贡献、对历史的贡献是巨大的。汉王朝的建立，为统一中华民族和国家的发展，奠定了坚实的基础。汉代的各项典制文化，引领了后来中国历史发展的基本走向。农民出身的刘邦敢于拼搏、敢为天下先的精神正是我们中华民族精神最宝贵的品质。刘邦是一个历史伟人，刘兰芳播讲评书《大汉刘邦》有着历史意义和现实意义。

　　刘兰芳老师说，作为一个说书人，再一次感谢徐州市委，感谢沛县县委，在这里举办首播式。用评书讲述刘邦的故事，发扬大汉精神，增强人民的文化自信，把刘邦故里、两汉文化的重要发源地徐州沛县建设得更加美好。

　　评书艺术不仅是国家非物质文化遗产，有着数千年的历史传承，而且是人们喜闻乐见的艺术形式。《大汉刘邦》首播仪式，提高了评书的影响力，用评书形式讲历史，讲中华民族蕴含的民族精神，开展曲艺普及、扩大曲艺受众，是非常有意义的一项重大活动。

　　沛县领导对长篇历史评书《大汉刘邦》的首播非常重视。多年来，沛县连续举办10多届汉文化艺术节，来推进沛县文化建设高质量发展。这次举办长篇评书《大汉刘邦》首播式，是推动汉文化创造性转化、创新型发展，提

升沛县汉文化影响力和知名度的又一件盛事。

近年来，沛县以深入挖掘弘扬汉文化为引领，统筹推进文化事业繁荣、文化产业发展，文化建设高质量迈出坚实步伐。沛县在2016年与著名评书艺术家刘兰芳合作，历经几年的潜心创作、悉心打磨，打造了新编长篇历史评书《大汉刘邦》。评书以史实为基础，取材流传于沛县的民间故事，生动鲜活地讲述了汉高祖刘邦建立大汉王朝的风云史，既是对大汉王朝的一次深刻解读和诠释，也是对汉文化的一次深入挖掘和展示。

县领导非常希望借《大汉刘邦》播出的东风，依托厚实的历史底蕴和丰富的汉文化资源，进一步提升沛县"刘邦故里大汉之源"品牌的知名度和美誉度，全力打造淮海经济区文化新高地。

刘兰芳介绍说，评书《大汉刘邦》是集体智慧的结晶，从创意至今已经有五个年头，感谢徐州和沛县的领导对评书创作团队的信任，也感谢团队接到这个重大选题后多次到沛县进行采访学习，查阅文献资料。还要感谢沛县的专家学者，参加座谈，提供素材，陪同评书创作团队深入生活，进行采访调研，提出了修改意见，才有了今天的百集长篇评书《大汉刘邦》的问世。

作为汉文化的奠基人，刘邦是中国历史上第一位由平民登上帝位的皇帝，也是中国历史上第一位御驾亲征、统一天下的皇帝，第一位尊重人才、广纳贤士的皇帝，第一位祭祀孔子、重用儒家文化和知识分子的皇帝，也充分体现了刘邦以民为本的布衣本色。

《大汉刘邦》这部评书，在尊重历史的基础上，进行艺术加工，讲述刘邦的故事，用足够的篇幅讲述了刘邦青少年时期的布衣之交，他的发小、初恋，他的丰生沛养，闯荡江湖，胸怀大仁博爱，敢于担当，与贪官和地方恶势力进行抗争，塑造了刘邦的高大形象。这些，不仅给听众一个崭新的一代英主的形象，而且对社会上长期以来诋毁刘邦的言论，客观地做了澄清和诠释。在编创的过程中，吸收了民间传说的精华片段，使刘邦的故事更为生动精彩，形象更为真实可信，接近地气，光彩照人，相信一定会得到听众朋友的喜爱。

刘兰芳又兴奋地告诉在座的各位："最近，又有大好消息传来，文化和旅游部出台了《曲艺传承发展计划》，鼓励用曲艺的方式弘扬中华优秀传统文化，推动曲艺传承发展。"

在开播仪式上，沛县的文艺工作者表演了汉朝舞蹈及古乐。沛县领导赠送刘兰芳一套汉服。刘老师穿上汉服后，激情满怀地给在座的各位演说了《大汉刘邦》精彩篇章。这是刘兰芳第一次穿汉服讲评书《大汉刘邦》。穿新衣，说新书；新形象，展新风！

2019年9月

走进国庆阅兵训练营

金秋9月的一天,刘兰芳接到电话,邀请她到某国庆阅兵训练营基地慰问演出。

在盼望中度过了几天,我终于跟随刘兰芳主席迎来了进入国庆70周年阅兵仪式训练营基地的时刻。

秋高气爽,阳光普照。我们的车在京藏高速一路西行,心情大好!

刘兰芳老师坐在小汽车副驾驶的位置上,边看窗外的景色边说:"这次来训练营基地的演出对参演的人员要求非常严格,为他们慰问演出我也是第一次。以前国庆检阅我都是在观礼台上观看的,有很多次了。"

多快呀,新中国成立70周年了!在中国共产党的领导下,祖国发生着巨大的变化。作为祖国的同龄人,随祖国一起成长,亲眼看到祖国的成长和壮大,心中时时激起对祖国的热爱,激起对我们党的崇敬,我们深深感到作为一个中国人是多么幸福和自豪!

国庆阅兵,向世界展示祖国建设的辉煌成就,鼓舞全国人民的斗志,努力把祖国建设得更好,更强大。

今天我能跟随刘兰芳老师走进阅兵训练场基地,感到无比兴奋。想当年,当兵是很多女孩子心中的最大梦想,可由于家庭条件限制,没有当兵的机会，这是我一生最大的遗憾。因此，对军人我有着无限崇敬和羡慕的情怀，对军营有着无限的向往和企盼。

进入大楼，我看到了穿着军队迷彩裤子、军绿色背心的女孩子，也就是参加检阅的女兵，眼前一亮：飒爽英姿，太帅气了！刘兰芳老师看见这些女兵也赞不绝口：从哪里挑选的，个个长得浓眉大眼，高挑的身材，浑身洋溢着青春，放射着光彩！

经过介绍才知道，这些女兵都是从北京朝阳区各个岗位精挑细选的，将代表全国女民兵组成一个方队，也是女民兵方队。据说，这是唯一从社会女性抽调的参加国庆阅兵的队伍。她们年龄最小的18岁，最大的35岁；个子最矮的是1.65米，最高的是1.81米，形成的女民兵方队是362人，这次共计挑选了420名参加检阅培训，以留有预备的。

刘兰芳老师微笑地看着他们问："你们中间有当妈妈的吗？""有哇！"后来我们知道了，女民兵方队中有81位妈妈级别的女兵。其中最小的孩子仅11个月大，最大的孩子13岁。为了能参加国庆70周年阅兵，她们克服了很多生活上等各方面的困难，积极准备着，都在努力认真参练。主办方也考虑孩子妈妈的实际情况，允许孩子妈妈每个月两天假期，回家看望小孩。这给孩子妈妈很大的鼓舞，纷纷表示，更要好好操练，争取成为阅兵式的一员。

据说，从今年3月份开始，她们就被集中到这里，有时凌晨3点起床训练，为的是提高她们的体能。炎炎烈日下，汗水湿透了她们的衣服，晒黑了她们的皮肤，非常辛苦。可是她们都因能被选中参加国庆70周年阅兵而感到荣幸和自豪，这是一

生值得骄傲的事，再苦再累也毫无怨言！

　　在楼道里，我们看到了这些女兵居住的宿舍和她们的活动场所，完全是军事化管理。宿舍床铺整洁无瑕，床铺被子叠得豆腐块一样，要知道，这些女兵都是从零点起步的。宿舍门口摆放着一排排高腰银灰色女靴，这大概就是检阅时穿的靴子吧，不过由于训练，已经很旧了。我想届时检阅会穿新的靴子和服装，以最佳状态展现在世人面前。

　　我们这些外来的演职人员非常遵守这里的规定，只在规定的室内外做演出前的准备工作。

　　到了开饭的时间，有关人员带领我们来到餐厅，说请刘兰芳老师品尝一下女兵们的伙食。我非常喜欢了解女兵们的生活，她们的一切对我都是谜。刘兰芳老师也高兴地说："好哇，体会一下当兵的感觉。"随即我跟随刘兰芳老师来到餐厅，展现给我们的伙食，恰是刘兰芳老师最喜欢的窝头，当然主食还有馒头、米饭等，素菜有好几种，荤菜有红烧肉、鸡肉，当然还有汤。因为演出前不能吃得太多，刘兰芳老师只吃了一个小窝头和一点青菜，就回到休息室做演出前的准备了。

　　听说参加阅兵式的女兵也不敢每顿饭吃得太多，她们需要时时注意自己的体重，否则你胖得肚子鼓出来了，就会影响整个队列的美观和整齐。因此，每天称体重也是她们生活中很重要的一件事。

　　演出场地是在院子中间临时搭建的一个舞台。刘兰芳老师细心地询问了演出背景板的颜色，来确定自己穿什么颜色的服装。这是常态，每到一个地方演出，刘兰芳老师都需要带几套演出服。届时根据背景板的颜色，来决定穿什么颜色的演出服。今天刘老师的节目被安排在倒数第二个，晚上8点多准备完毕，我随刘老师提前来到会场。

　　在大操场临时搭建的舞台，灯光把舞台四周照得雪亮，把整个操场也照得雪亮。来看演出的战士，每个人手中有一个荧光棒。大概因为很长时间的艰苦枯燥训练，今天可算放松一下，战士们尽情地挥动着手中的荧光棒，摇来晃去的，互相拉歌，此起彼伏，热闹非凡，更给演出增加了浓烈的气氛。

　　刘兰芳老师坐在舞台下边的凳子上候场，边看演出边欣赏战士们。有几个胆大的战士，悄悄来到刘老师身边，请求同刘兰芳老师合影留念，刘老师都欣然同意。

面对部队和战士，刘兰芳非常有感情，在她的演员生涯里，曾多次到部队为战士演出：老山前线、北疆边防线、南疆海岛及辽宁舰等，各兵种部队都去演出过……

演出很快轮到刘兰芳上场了，报幕员刚说出"刘兰芳"的名字，台下呼喊声一阵高过一阵，摇晃的荧光棒也噼噼啪啪地响起来。说起来刘兰芳老师今年已经75周岁了，可是她每次走上舞台，说起评书，声音洪亮、气贯中堂，口技学起来，惟妙惟肖，每次演出都获得非常热烈的掌声。当然，这次为出征前的阅兵式的民兵们演出更加斗志昂扬，神采奕奕了！

飒爽英姿展示女兵风采，庆祝国庆弘扬祖国繁荣。今年的国庆阅兵式，我特别期待着，尤其期待看全国女民兵方队。因为我知道，这是由我见到的我们朝阳区年轻女兵组成的方队。我期待看她们检阅时是否穿那种我见过的银灰色的靴子，当然这里也有我见过的女兵，不过距离太远了，我分不清具体哪个人了。

夜幕降临了，一弦弯月悬挂在天空，清澈、透明。在回家的路上，刘兰芳老师兴致不减，没有一点疲惫，谈论这些参加阅兵式的女兵，谈论她们的年轻、帅气，谈论为她们演出的兴奋和激情……盼望国庆的阅兵早日到来！

2019年9月

在北大演讲

冬日的下午,阳光普照。中国曲艺家协会名誉主席刘兰芳精神抖擞地走进了全国最高学府之一——北京大学。

由北京市哲学社会科学中国化马克思主义发展研究基地和中国戏曲学院联合主办的"中国传统艺术与社会核心价值观建设学术研讨会"在北大举行,刘兰芳老师将在会上做研讨发言。来自全国高校、科研单位的专家学者等近200人出席了会议。

上午9点半,研讨会开始。北京市哲学社会科学中国化马克思主义发展

研究基地负责人兼首席专家程美东主持会议。北京大学党委副书记叶静漪、中国戏曲学院党委书记龚裕、北京市哲学社会科学中国化马克思主义发展研究基地学术委员会主任陈占安分别致辞。来自各地的与会专家以习近平总书记关于中华优秀传统文化的重要论述为指导，紧紧围绕"中国传统艺术与社会主义核心价值观建设"这个主题进行了深入的探讨。

中国传统艺术就是一种美的体现，期待通过这次交流研讨，共同推动中国传统艺术更好地发挥立德树人的作用、更好地服务于社会主义核心价值观建设。

中国曲艺家协会名誉主席刘兰芳在研讨会发言中说："要坚持以习近平总书记关于文化工作者承担为人民培根铸魂的重任的要求，坚持用评书这种中国人喜闻乐见的艺术形式来弘扬、宣传社会主义核心价值观……"

刘老师说："社会主义价值观和我们今天有什么关系？怎么联系？培养大学生提高对中国传统艺术传承的认识，就是需要我们积极地创建理论工作者和艺术工作者的广泛联盟，这两支队伍要力求做到相互学习，共同提高。思想政治理论课的教学要努力改变简单、生硬、古板的面孔，以深情怀、新思维、广视野的方式教学，更好地担起大学生健康成长的指导者和引路人的责任。"

"我们还要牢记习近平总书记说的：文化工作者要培根铸魂，就是要为人民说书。至今，我已经说了50多部书，我还要坚持为人民说书，多说书、说好书！"刘兰芳告诫大学生一定要多读书、读好书、好读书……

刘兰芳的讲话在会上引起了轰动，受到与会者的好评。刘老师经常被请到全国各地高校讲授中华传统文化及开展艺术讲座，曾到过清华大学、河南大学、山西大学、云南大学、中山大学等国内大学，还在日本立命馆大学、早稻田大学讲课。

去年，由沈阳音乐学院主办的国家艺术基金2019年度艺术人才培养资助项目"东北大鼓艺术人才培养"，刘兰芳老师在"东北大鼓表演及演唱"等课程中授课半个月的时间，把自己多年的实践经验及表演技艺传授给学员，提高学员曲艺理论素养和舞台表演能力，为培养一批东北大鼓青年表演人才和鼓曲创编人才，为国家级非物质文化遗产东北大鼓的艺术传承和发展增添新活力，培养新生力量，为中华文化传承发展体系建设做出贡献。

在北大研讨会的发言最后，刘兰芳老师还满怀激情地朗诵了岳飞的诗作《满江红》，成为大会的一大亮点。

著名京剧表演艺术家、北京戏曲职业学院名誉院长孙毓敏也在北大研讨会上进行了发言。

她说："中国戏曲的传承，弘扬中华优秀传统文化中所蕴含的价值追求、精神财富，有利于主流价值的传播，有利于民族精神的维系，对于满足人们精神文化需求具有独特而重要的作用。振兴中国戏曲艺术，对于彰显其文化价值追求，培育精神家园具有不可替代的重要作用。"

在北大看见孙毓敏，让我感到惊喜，因为在2008年，我被原北京市电视台著名主持人、时任梅兰芳大剧院总经理的余声邀请，参与了由北京市妇联、梅兰芳大剧院和北京戏曲学院联合举办的春节联欢会。当时余声总经理要到台湾考察，就委托我来做活动策划方案的撰写。联欢会的主题内容就是请孙毓敏老师开展京剧艺术欣赏传统文化的讲座。我作为具体组织者在三家主办单位中协调、联络，安排活动的进展等事宜，孙毓敏还赠送我一本她签名的书。最后联欢会获得极大成功，我也由此在梅兰芳大剧院宣传企划部工作了一段时间。现在回想起来也是我人生值得回味的一段经历。

刘兰芳同孙毓敏的演讲进一步拓展了传统文化进学院的理念，艺术与学术有机结合是高等学院的创举和追求，会取得更好的效益和作用。

刘兰芳老师无论走到哪里，都是气场满满，感染每一个人。在北京大学这个全国最高学府，她传播正能量、传播中华传统文化，刘兰芳老师时时刻刻在焕发着老艺术家的风采！

2019年12月

参加中国作协春节联欢会

2019年12月25日,中国作家协会举办以"讴歌新时代、攀登新高峰"为主题的机关春节联欢会,中国作家协会主席铁凝等领导邀请刘兰芳老师参加,我自然也就随同刘老师走进了中国作家协会的办公大楼,心情格外激动。

由于我在鞍山文联工作了26年,曾经多年担任文联组联部主任和鞍山作家协会副秘书长,曾参加辽宁省作代会,因此对文联、作协情有独钟。特别是中国文联、中国作协,是我仰慕的神圣的地方。

联欢会在中国作家协会的大会议室举行,为了这次春节联欢会,作家协会在职的和离退休人员都精心准备了各种节目:独唱、舞蹈、诗朗诵、三句半等,平时工作认真、严肃的机关干部,这时各显其能,充分展示着各自的表演才华。

是呀,一年了,作家协会各个部门的干部无怨无悔地为全国作家多出作品、多出人才奉献着,为建造和谐、幸福的社会主义精神文明追求着,非常辛苦,今天的春节联欢会就是放松心情,欢庆新春。为此,联欢会充满了歌声笑声,欢乐无时不在。刘兰芳老师也为作协的朋友们奉献了一段精彩的评书表演,得到大家的喜欢和赞赏。

让我惊喜的是,在作协联欢会上,看见了曾经下放到鞍山话剧团的邓友梅老先生，刘兰芳老师热心同邓友梅老师交谈……

我曾在鞍山话剧团工作时，就听说过从北京下放的大作家邓友梅，他很小就参加了八路军，是个红小鬼，五七年被打成右派，平反后来到鞍山，先后在鞍山话剧团、鞍山文联工作。"文化大革命"后落实政策后回到北京，担任中国作协书记处书记、外联部主任，中国作协副主席等职，现在已经离休多年。邓友梅创作了大量的优秀文学作品，其中中篇小说《那五》《烟壶》等多部作品荣获全国优秀小说奖，是享誉海内外的著名大作家。

尽管我没有同邓老一起共事，但我们都曾经在鞍山话剧团、鞍山文联工作过，这样见到邓老也感到很亲切。刘兰芳老师也向邓友梅介绍说我曾经是鞍山话剧团的，邓老听了，主动同我握手，让我备感荣幸。

在中国作家协会春节联欢会上，刘兰芳老师走到哪儿，哪里就传出笑声一片，看见作协的机关干部，刘老师微笑地和他们交谈，我抓紧机会，拍下刘兰芳老师同作家协会机关干部的照片。我是多么羡慕这些人哪，他们年轻，在这样好的单位工作，前途无量啊。我从心底敬慕他们中的每一个人！中国作家协会是我心中的神！

在这次联欢会上，我还近距离接触了作家协会主席铁凝。这是我年轻时

崇拜的女作家之一，因为在文联工作，每当有优秀小说发表，文联干部互通信息，争先阅读。我拜读过铁凝的多部作品。如今铁凝成为中国作协主席和中国文联主席，可见，铁凝主席是多么优秀和出类拔萃！我利用这个机会，请主席同我来个自拍，铁凝主席微笑地答应了。

这次刘兰芳老师到中国作家协会参加春节联欢会，会见了很多朋友，交流了感情。不过我的收获也很大的。中国文联和中国作家协会永远是我心中最最崇拜的神圣地方！

感谢刘兰芳老师对我的信任，也感谢刘老师带我到中国作家协会！

2019年12月

随刘兰芳去上海

为了深入学习贯彻落实党的十八大精神，领会党的各项文艺方针政策，传承优秀传统文化，促进曲艺事业发展，中国曲协评书艺委会、上海市曲协等单位主办，嘉定区曲协等单位承办的"说古论今、创新发展"——全国评书、评话、故事展演研讨会于2019年12月24日～26日在上海嘉定区举行。

说起上海，我对这个大都市并不陌生。

20世纪80年代初，我经常往返于鞍山和上海之间。那时，儿子的爷爷奶奶在上海宝山。因儿子小时候长得瘦小，他们让我把孩子送到上海调养，直到上完小学一年级才回到鞍山。

那个年代，交通没有现在这样便利。我们一般是从鞍山坐火车到大连，然后乘轮船到上海，需要48小时。船票非常紧张，但很便宜，三等舱船票往返才24.4元。

记得1985年8月那次去上海，赶上了九号台风。我与儿子在船上漂泊了10天9夜，船舱各处躺满了晕船的人……几十年了，历历在目，记忆很深。

盼望去上海……

来到上海，"说古论今、创新发展"——全国评书、评话、故事创新发展研讨会，安排了三场展演，一场研讨。第一天三场展演，刘兰芳老师的演出

2019年全国评书、评话、故事展演

安排在第二场。刘老师上午休息一下,下午2点演出,晚上观摩。

这次参演的曲艺家,展现南北曲艺特色,很多个传统经典节目在舞台亮相。南腔北调的语言艺术、扣人心弦的故事情节,让现场观众直呼过瘾。

千百年来,说书这一传统艺术给人教育和启迪。刘兰芳老师圆满完成演出节目后,在研讨会上对曲艺评书、评话、故事的发展进行热烈的探讨发言。

她说:"今天这个会议开得好。嘉定区宣传部长亲自坐镇,特别是嘉定协会主席是说书的,我感到很光彩。如曲协主席都是说书的,我们说书的何愁不繁荣!"刘老师的开场白引起在座的一片笑声,会场立刻活跃起来。

"还要感谢杨鲁平,他的热情很受感动,总结写了那么多,把各位都肯定了,这都是我们应该做的。这次活动以评书艺术委员会的名义召开,这是第一次,特别是评书、评话、故事联系在一起,新兴文化团体与专业结合,非常好。曲艺是百花园中的奇葩。虽然花很小,但我们自己重视自己,特别是评书艺术委员会举办这次活动,我谨代表自己表示感谢。"刘兰芳老师然后就目前评书现状,正面临书目老化、人才稀缺和传播乏力等问题与大家进行研讨。

"评书、评话、故事创作要跟上时代。要利用网络扩大中国传统文化的传播阵地,每个时代让每个作品都留下痕迹。把当今发生的新生活、新故事说出来,传递社会正能量,讲好中国故事。在保留评书精华的同时,也要加强时代性、趣味性和生活化。"

刘老师说,曲艺艺术是大众艺术。这次到嘉庆来,看到多年来,嘉定区致力于曲艺艺术的传承与发展,成功创建"中国曲艺名城",多次举办曲艺会演。嘉定区安亭镇也成为上海第一家"中国曲艺之乡"。并成立了安亭故事团,探索由群众共同参与"互动故事"的新讲法,传播正能量,引导价值观。安亭故事团被评为上海市理论宣讲先进集体。所以,传承曲艺文艺,群众是最基本的中坚力量,是曲艺发展传承的基础。刘老师热情洋溢的讲话受到在座的认同和敬佩,真不愧为艺术大家,研究问题掷地有声,高瞻远瞩的建议和意见,引领曲艺艺术的发展。

由于刘兰芳老师参加演出,只看了一场半演出,感触非常深,她评价说,老同志宝刀不老、小同志如日中天!

刘老师非常感谢主办方提供这样一个平台,来展示曲艺评书、评话、故事创作成果，研究曲艺事业发展。

……………

刘兰芳老师每次外出行程安排都非常紧张、繁忙。而我则会忙中取巧。刘老师演出前午后休息的时间，是我自由活动的时间。每到一地，我会提前查阅好这个地方的名胜古迹，旅游景点，包括小吃、特产等。实在没有景点可去的，我就去逛商店，乐在其中……

这次我们住的酒店离机场近，距离繁华的南京路、淮海路非常远。唯一可去的，就是附近有个老街，我查了一下，打车去，时间来得及的。

我把自己的想法和刘老师说了，没想到刘老师也非常感兴趣。第二天上午研讨会，刘老师抢先发言完了，要去老街。尽管距离我们去机场的时间只有两个多小时了，说走就走，乘车直奔老街。

老街是个步行街。据说城区改造，老街马上就要拆迁了，有的准备撤店呢。我和刘老师走马观花地浏览每个商店，看见一家美甲店，演出需要，刘老师修了指甲，效果出奇的好，刘老师非常满意！

走进一家服装商店，这可是我们共同喜欢的地方。上海的服装样式一直领先全国、领先于时代，不但样式新颖，价钱也不贵。刘老师平时忙事业，根本没有时间逛商店。这下子看见这么多服装，觉得哪件都好。而且刘老师买服装，不讲价钱，只听她对售货员说："请把这件给我包上，那件也包上……"速度极快，一会儿就买了八件服装，嘴里直说便宜。实际这些都不是刘老师穿衣服的风格，而是她给朋友们买的，要过年了，刘老师总是不忘记送给别人礼物，包括小区的看门大爷，刘老师也给选了一顶帽子。可见刘老师时时处处想着身边的人。

当我们大包小裹赶回到酒店，并用最快的速度整理好物品，干净利索。12点30分准时在大厅集合去上海机场。

这次上海之行，刘兰芳评书演出精湛、论坛会发言精辟、老街游览可心，圆满完成各项任务，并尽情地"爽"了一把——购物！

2019年12月24日

在传承曲艺的路上

时刻想着学生、时刻为了学生是刘兰芳老师一生的牵挂。出发前，接到王印权老师的电话，说这次应辽宁省非遗文化保护中心邀请到沈阳演出，是刘兰芳第一次同时携评书和东北大鼓的两伙弟子、学生演出，带的演出服装多，带给学生们的礼品和学习资料多，有两个行李箱子，到时，我推一个，刘老师推一个；此外，还有演唱东北大鼓用的道具等物品，让我有个思想准备。刘老师也来电话担忧地说："这么多东西在北京站还好说，到沈阳站怎么办？怎么拿呀？我说："没事，实在不行我们就倒短，往前走着看……"刘老师都是为了学生啊！

话是这样说，可怎么能让刘兰芳老师推箱子呢？我心里总觉得是个事……

给铁路12306服务热线打电话的起因是刘兰芳老师问："乘高铁可以带酒吗？每人可以带几瓶？"刘兰芳想给她的师傅带白酒。

接通了铁路服务热线，接线员非常热情地告诉我，只要是正规厂家出品的、包装完好的酒都可以带，不限瓶数，只是所带行李的总重量不能超过20斤。说完又温和地问我还有什么需要帮助。我立刻想到要带的两个箱子，于是试探地问："我们年龄大了，带的行李多，你们可以帮助送站吗？""可以!"然后具体问了我们乘坐的车次和出行的日期,并再次承诺,届时一定会帮助我们把行李送到所在的车厢。这让我非常惊喜。

盼望出发的日子……

北京朝阳站是新站,我们从来没有在这里乘车出发,因此,我早早来到车站熟悉情况。正在溜达着,手机响了,是朝阳站的服务热线,我高兴地说行李一会儿就到,在商务舱进站口。

当把所带的行李、物品搬到商务舱检票口安检后,朝阳站的服务就开始了。

我们乘坐的这趟高铁是从长春开来的,在北京朝阳站是经停站,只有三分钟。乘务员看见我们的情况,就带领我们先行检票进站,这是我们非常希望的。两个穿着铁路服装的帅小伙帮助我们推箱子、拿物品,等车进站,直接送到刘兰芳老师所在的车厢,这样的顺利是没有想到的。

一切安排好后,我开始往自己的车厢走去,这时手机响了,竟然接到列车长的电话,询问还有什么需要帮助,并告诉我说他们已经联系了沈阳铁路,车到沈阳时,有人接站。太周到了!

刘兰芳与其东北大鼓学生等人的合影

带着一种神奇的感觉，不知不觉，高铁很快就到站了。当列车缓缓驶进沈阳北站，车门打开，两位铁路小伙已经等候在车门口，接过行李物品，送我们出站。一切在约定之中！太美好了！出行顺利！刘老师也感到很轻松、愉悦。

　　沈阳北站南出站口，是我们与接站人员的会合点。辽宁省非遗文化保护中心的小高处长和司机已经到了。送站的年轻人还要帮助我们把行李箱子送到车上，我说好哇。可刘兰芳老师对我说："省里接站的人来了，我们就自己拿吧，你别得寸进尺了。"说完大家都笑了。第一次体会到12306的服务是这样好！

　　这次由辽宁省非遗文化保护中心举办的刘兰芳携弟子评书和东北大鼓的专场演出空前完美！刘老师宝刀不老，令人佩服；弟子们进步很快，令人欣慰。举办方领导和观众等都非常振奋。为传承、发展、保护评书和东北大鼓这中华民族的传统文化，刘兰芳老师付出了艰辛的努力和心血。

　　在沈阳，刘老师抓紧一切时间来教授学生，一边教授学生唱东北大鼓，一边教授学生说评书，现场演出，精细指导，讲课到深夜。刘兰芳像慈母一样关心着每个学生，用生命在传承、在保护、在发展曲艺文艺事业！

　　尤其是在短短两天的时间里，刘兰芳老师既要表演评书又要演唱东北大

刘老师与她评书、东北大鼓学生们的合影

鼓，内行人知道实属不易。因为从嗓音的发声来说，唱东北大鼓需要立体声位，而评书表演需要横向发声，弄不好，声带变化不对，就把嗓子搞坏了。刘兰芳老师用她精湛的技艺完美地完成了个人演出，也带动她的学生弟子们高水平地演绎了民族文化艺术。

有了上次出行经验，在回北京的前一天，我又打通了12306的电话，寻求帮助。接电话的问清了车次、车厢号后又让我惊讶一回，他问："你们有送站车吗？"我连忙说："有哇！""那请把车号报给我。"还告诉我，出发时可以打电话给他们，来指导司机怎么进入商务舱休息室。

按照12306服务热线的指示，当我们从辽宁省艺术剧院宾馆出发去沈阳北站，车启动不久，我就拨通了沈阳铁路的电话，递给司机说，他会告诉你怎么开到商务舱候车室……

我们居住地距离沈阳北站不远，我还在回味沈阳之行的演出，车已经开到了沈阳北站。可司机把车开到北站的步行道死胡同了。我立刻又拨通了沈阳铁路的电话，这回对方告诉司机师傅不要放下电话，按照他们的指示开

125

车。终于看到了通往商务舱的通道，车开到跟前，栅栏门立刻自动打开。我看到旁边的指示牌显示"预留车号"。这是12306事先询问车号的结果。

等我们的车到了北京朝阳站，站台上已经有三位帮助接站的铁路工作人员，推箱子的，拿包裹的，连我这助理都空手了。由于时间很晚了，车站里几乎没有人，出站的路很远，我们还不熟，多亏他们引导送我们到出站口。终于看到刘老师的司机小党了！我同刘老师说，如果没有他们带路，真不知道我们能否走出车站。不过这几位小伙子头脑反应很快，请求同刘老师合影留念，他们认出了刘老师，觉得能为刘兰芳服务是一种荣幸，不能错过机会。

这次沈阳之行，是刘兰芳第一次同时携带评书和东北大鼓的学生的演出。满满的成功，真棒！

这次外出也第一次体验到12306的服务，满意的服务，真好！

2019年底

刘兰芳杭州之行

5月,接到刘兰芳老师的电话,说5月29日要到杭州去,但是究竟能否成行还要等最后情况再定……

在既定日子的前三天,我收到了出行的航班信息:2020年5月29日12点10分首都机场T3航站楼北京飞往杭州。

终于盼到了出发的日子,担心机场安检等手续烦琐,我便早早来到了机场,还好一系列程序比想象的简单多了,我一直在兴奋和激动中,因为,又可以陪同刘兰芳老师一起出行了!

机场的人还是比以往少了很多,我准备好行李车,在约定的8号进站口等候刘老师。信息说,9点半刘老师从家出发,用手机地图搜索,最慢在一个小时内也应该到机场了。翘首远望,已经11点了,为什么迟迟不见刘老师的车影呢,心中不免有点疑问,但我还是耐心等待着……

终于,刘老师的爱人王老师在8号口前面向我招手,我连忙推着行李车过去。几个月不见,刘老师、王老师、刘老师外甥女儿及司机小党,相聚在机场,互相问好。刘老师微笑地和我打招呼说:"等着急了吧……"原来刘老师的车准时从家出发,向机场方向开了很远,突然发现还有物品需要带,又掉头回家去取,好在预留的时间很多,一切顺利。司机小党把刘老师的行李箱及其他物品放到车上，告别了送站的人，我推着行李车同刘老师慢慢向候机楼里走去。

今天的天气非常好，阳光普照，暖风吹拂，加上久违了的出行，让我们心情大好。

刘老师常年飞行祖国各地，是国航的白金卡会员。这样，我跟着刘老师，走贵宾安检通道并进入贵宾室候机。这里提供各种点心、水果、饮料，赶上用餐时间，也可以随意进餐。

今天进入贵宾室正好开始午餐供应，刘老师催我赶紧吃自己喜欢的食品，担心飞机上吃不好。每次都是这样，刘老师从各个方面关心身边的工作人员。

飞机正点起飞，刘老师自然是老规矩，不休息，看网络小说。每次出门，在候机时或高铁上刘老师不是在创作新节目就是在看网络小说。她对我说，她现在看的网络小说共计2710集，她已经看了1000多集，每天花费最少50元。以前随刘老师外出，常常听到刘老师说看的网络小说找不到了，只好

128

又看一部新的，所以，有时是几部书同时看。刘老师说她几乎把发表的网络小说看遍了。

刘老师说看网络小说是为了学习新事物，不断提高自己。了解当代社会各种文艺形式的表现方法和内容。这种孜孜不倦学习的精神，我在刘兰芳老师身边体会得最深了！最近有个访谈节目，题目就是《对话刘兰芳——一位爱看网络小说的评书大师》。

刘老师看网络小说的花费已经接近几千元了。网上评价说刘兰芳是网络小说迷，这话一点不假！

我曾经也向刘老师学习，看网络小说，可是充值50元，没有看多少就还让充值，一部书读下来需要近500元。有时还找不到正在阅读的网络小说，所以，我就决定不看了。

刘老师非常有经验地说，花钱看的网络小说，比不花钱看的小说写得好；花钱多看的网络小说也比花钱少的网络小说好。我没有尝试过，只知道刘老师每天看网络小说，有时从晚上10点看到深夜2点，不看完书不睡觉。有时我劝说刘老师早点睡，可已经成为阅读习惯的刘老师是名副其实的网络小说迷了，必看无疑！

午后2点30分，我们的飞机正点降落在杭州的萧山国际机场。来接站的人捧着一束鲜花献给刘老师。等我们入住酒店安排好一切已经是晚上6点多了。

经过一天的奔波，刘老师却不休息，向主办方了解这次来杭州参加活动的内容和目的，并提出一定去现场看看。这是刘老师的一贯作风，只有这样才能做到心中有数。我按照刘老师的要求，带好了几套服装及演出用具，乘车来到位于余杭区的活动现场。

刘老师一到会场，马上带来一股旋风，引起了轰动，在座的人都非常兴奋地围了过来。

头脑反应快的，马上抓住机会请求与刘老师合影留念，结果想合影的瞬间排起了长队。我看着刘老师，不知如何是好。因为还要走台，刘老师说大家一起照张合影吧，算解了围。

刘老师和导演商谈演出事宜，询问了整个活动的意图和要求。导演看上去很年轻，可刘老师非常尊重导演，咨询穿哪件演出服合适，问导演还有什么要求。刘老师就是这样，无论在什么场合，都非常低调，认真听取举办方的安排，没有一点大演员的架子，时时处处严于律己，注意自己的影响和形象，在演艺界受到大家的好评。

这次活动是一个企业为自己的品牌进行网上推广活动。时间定在第二天上午9点，刘老师出场的时间是10点。

无论参加什么活动或者演出，不管是大型的还是一般的小型活动，刘老

师都始终如一，对自己负责，对自己的艺术负责，对喜爱她的观众负责，因此认真演出、诚实做人是刘老师最基本的准则。

另外由于刘老师坚持学习，每到一个城市，这个城市的文化古迹、历史文化等，刘老师都如数家珍，脱口而出。我在她身边受益匪浅，学到很多知识。杭州，刘老师已经来过多次，杭州是岳飞曾经生活过的城市，这次，刘老师表演的是评书《岳飞传》中的一段。

清晨，刘老师早早起床化妆，连早餐都没有去吃，只是让我随便带点什么即可，为了艺术，不按时吃饭这是常事。

每次演出，刘老师都根据当地的情况进行创作，所以刘老师在化妆准备过程中，她的大脑在进行创作呢，我知道这些，从不打扰。刘老师曾经自豪地说，她的脑子肯定不会老，因为她天天时时在用，在记词、在背稿、在学习。

时间过得很快，终于轮到刘老师上场了，在场的观众不约而同全体起立欢迎，久违了的舞台，久违了的观众，激发了刘老师极大的热情："观众朋友们，大家好，我们又见面了！这次来出席你们企业的活动，感谢董事长的邀请，来到了风景秀丽的杭州，来到了历史名城、南宋的古都。这里物华天宝、人杰地灵。抗金名将岳飞生活战斗过的地方，精诚报国发祥地，浩然正气贯千秋。我今天就给大家说一段岳飞的小故事：'还我河山'！"

刘兰芳老师的精湛表演激发起全场的热烈掌声，整个会场洋溢着一股热情的气氛。刘老师的评书给在场的人一股向上的力量、一种奋斗的精神。我也被感染得直鼓掌，太好了！刘老师的表演太精彩了！当刘老师走下舞台，我说："刘老师你表演得太好了！"刘老师说，你表扬什么呀？！我连忙说："我可不是奉承啊，是情不自禁……"

举办方的领导兴奋地围着刘兰芳说："你今天到会，给我们企业带来了振奋的精神、激发了活力。在当今企业振兴和支持中小企业发展的道路上，你给我们推波助澜，非常感谢刘老师的杭州之行！"

我跟随刘兰芳老师四个年头了，无论是参加各种活动还是演出，只要有刘老师参加，强大的气场鼓舞着在场的每一个人。刘老师的讲话特别有鼓动

性，让人坐不住，恨不得立刻投入事业中。我非常幸运地作为助理，跟随刘老师，全国各地参加演出和活动，见证刘老师的光彩和风范。

在杭州第三天早饭前的半小时，我陪刘兰芳老师到居住的大酒店对面的景区散步。

我们入住的是山庄酒店，尽管星级不是太高，但位置非常好，在杭州余杭区，距离森林公园非常近。四处被青山树木包围，山水景观，非常养眼。

6月的杭州，没有一点酷热，加上昨夜下了一场小雨，空气清新极了。沿着湖边漫步，一股浓郁的青草、植被味道充盈着四周。

今天早饭后，我们就准备启程返京。这次任务完成得非常圆满，看着四处青山绿水，刘老师的心情大好。刘老师说平时能有时间，在这样的环境中走走是非常惬意的事。可实在太忙了，这样的机会少之又少。

每次同刘老师外出，行程安排得都非常紧凑。一方面是刘老师珍惜时间，另外刘老师不愿意给对方增加负担。

昨天上午我们的任务完成后，刘老师就多次与主办方说，要提前回北京，这样不但省钱，还减少麻烦。企业的董事长非常热情，坚决不让刘老师提前回去。在晚饭餐桌上，刘老师给这些没有出过国的企业家介绍在国外的见闻，介绍国外高端企业的经营方式和理念。也建议企业应该努力和改进的地方，让在座的企业家受益匪浅。不知不觉这顿饭从晚上6点吃到了8点还意犹未尽。董事长情不自禁地说，吃饭中得到的胜读十年书……

这次外出，我还发现刘老师的行李箱里多了一件物品，就是毛笔加上水字帖。这种字帖，毛笔蘸水写就可以，等干了再写。练字方便。刘老师说，这期间在家，每天写书法1小时，没有间断。从各个方面提高自己，已经76岁的刘老师孜孜不倦的学习精神，鼓舞着我。

刘老师还说，有的企业愿意出钱，一千、两千元地收刘老师的字，不限数量。我想这不就是在"写"钱吗？多大的诱惑力呀！可刘老师没有答应。她不愿意对自己的作品轻易出售。珍惜自己的名誉，珍惜自己的作为，是刘老师一贯的作风。

我多次听说，有的企业愿意花重金请刘老师做广告，刘老师全部拒绝。那一次可是一两百万的收入哇。刘老师想，自己是党一手培养起来的，尊重自己的人格魅力，尊重自己的名誉是最重要的。刘老师就是这样严格要求自己的人，时时处处注意自己的典范作用。

值得提一下，有些读者听说刘老师来了，有的特地去商店买来一件背心请刘老师在上面签名留念，还有的请刘老师在自己穿的衬衫上签名，那场面，真是热闹。刘老师看见了笑着说，衬衫上就别签名了，可惜了衣服。买来的背心我可以满足你们的心愿。善解人意的刘老师总是让每个人感到祥和温暖。短暂的杭州之行，给我留下深刻的印象，刘兰芳用她不懈的努力和倾情的付出不断创造新的艺术辉煌。

2020年6月6日

令人难忘的章丘之行

金秋8月的一天午后，我陪同刘兰芳老师登上了开往济南的G141高铁，前往章丘，参加由中国戏剧文学学会主办的中国戏剧理论研讨会及中国戏曲艺术家在章丘的一系列活动。

由于疫情，很久没有出门了，这次同刘老师参加活动，我还是那么新奇和兴奋，在盼望中开始了我们的济南章丘之行……

一、设置了限时铃声的戏剧理论研讨会

章丘地处孔孟之乡腹地，文化底蕴丰厚，我们在济南西高铁站下车后，又乘坐了一个多小时的汽车，才来到我不太熟悉的章丘，并入住章丘舜耕山庄。中国戏剧文学学会乡村振兴（章丘）戏剧文化研讨会就在我们入住的舜耕山庄召开。从全国各地来的剧作家、评论家和表演艺术家等，聚集在一起，就当前全国的戏剧创作、戏剧发展，尤其是乡村基层的戏剧培养，展开了热烈的讨论，对如何出作品出人才提出了很多宝贵的意见和建议，踊跃发言，可由于时间关系，每人的发言限制在3~5分钟。难得一次全国会议，发言常常超时，不得不设置了限时铃声，这是我第一次见到的事。

在这些发言中大家对石匣村的"过半年"习俗进行了解，对正在筹建的

中国章丘梆子戏剧博物馆、改建的古色古香古戏台以及省级非遗项目章丘梆子，进行了深入细致的研讨，为中国戏剧创作与发展献计献策。

刘兰芳老师在会上也做了精彩的发言。她满怀激情地说："秋风送爽，稻谷飘香，在这丰收季节，我们在章丘，共同研讨乡村振兴戏剧文化，是件全民的大喜事。今天中国戏剧文学学会开这个会很好。戏剧深入人心，几百年的历史，深受老百姓的喜欢，乡村戏剧好听、好看、得知识，起到非常好的社会作用。今天我们研讨乡村戏剧，符合习近平总书记的弘扬优秀传统文化的精神。我们要'还戏于民，惠及大众'，做好传承，发展章丘梆子。

"今天我是第一次听章丘梆子，这些东西是民族的瑰宝。是自己的东西。作为一个剧种，它应该有更高的艺术标准，要有代表性的剧目和演员。我认为戏剧要发展，剧本很重要。写好剧本，选好演员，推出好作品。章丘梆子有悠久的传承历史，今后，我们除了要帮助石匣村做好基础性的工作，还要在剧本创作、人才培养等方面帮助石匣全面提升，争取创作出几部有代表性的好作品。出作品、出人才，永远是我们文艺工作者工作的宗旨和灵魂。"

刘兰芳老师铿锵有力的发言引起了大家的共鸣，在场的艺术家们围绕戏剧文化如何在乡村振兴中发挥作用畅所欲言，为振兴章丘梆子和石匣村的乡村文化建设出谋划策，为章丘文化旅游开发和乡村振兴建言献策。坚定文化自信，传承章丘梆子！

二、石匣村"过半年"戏剧节

午后,参加会议的全体人员从章丘分别坐车,沿着山路盘旋。位于瀛汶河源头的石匣村,层峦叠嶂、风景秀美,三十六泉穿村而过,二十四桥沿河而建。绿色的山、茁壮的庄稼、美好的心情,在山路行驶了一个半小时,才开进了石匣村。

首先映入眼帘的是大型宣传板:石匣过半年——乡村振兴戏剧节。什么是"过半年",没来过章丘石匣村的人不禁有了问号。原来章丘的石匣村民在每年的秋季8月里都举行"庆丰收、过半年",也就是一年过两个年。在过半年期间,当地农民唱大戏、赶大集,把丰收的成果展现出来。整个乡村张灯结彩、喜气洋洋、热闹非凡。

乡里的村民听说刘兰芳要来石匣村,高兴极了,能目睹大艺术家的风采,真像做梦一样,便早早等候在村口迎接。"刘兰芳来了!"欢呼声、笑声、掌声,响成一片,拍照的、合影留念的前呼后拥,刘老师微笑着一边向大家招手示意、一边在当地领导陪同下向村里走。

这时刘老师看见农民的交易市场,不禁眼前一亮。这是刘兰芳最喜欢的接地气的市场了。果然,刘老师看见手工织的粗布床单,买一套;看见一位农民大妈卖自产的花椒,又买了一点。当地领导不让刘老师自己付钱,但我知道,这是不可能的。因为,无论走到哪儿,买东西,刘老师从来不让别人为她花一分钱!实际,刘老师买这些东西,很大的出发点,是为了农民有点收入。很多时候,她买完东西转手就给了别人。刘老师时时处处默默地

奉献着爱心……

在章丘。刘兰芳老师同大家一起观看了章丘梆子戏,参观了章丘梆子博物馆,在古戏台前留影,非常兴奋。她情不自禁地评价说:"我是第一次听说有'过半年'的习俗。没想到在这深山沟里,这里的人这么热爱生活、热爱章丘梆子。这是人们追求精神文明的一种象征,非常值得传承保护下去。"刘老师又说:"石匣村自然景观优美,章丘梆子是章丘的品牌、名片,一定要培养好接班人。"刘兰芳还说:"要想富,就修路。章丘这么远,在深山沟里,但道路修得好,办旅游,增加农民收入,现在是信息时代,山里人要快速跟上去,规划出山区美景,过好生活。"

晚上7点30分,"曲韵歌扬石匣情——中国戏剧曲艺名家"联谊演出活动隆重开始。名家云集、同台献艺,文化盛宴、韵味悠扬。刘兰芳老师及众多享誉全国的戏剧、曲艺界名家,纷纷登台献艺。"古韵石匣谱新章,乡里乡情歌声扬。新人新事新面貌,幸福生活更健康!"刘老师以这四句开场白一亮相,立刻把晚会推向高潮。有着精湛表演的戏曲文化盛宴,让乡亲们大饱眼福。石匣村"过半年"活动和第二届乡村振兴戏剧节圆满收官。这些都为加快推进乡村文化振兴,打造美丽乡村,振兴齐鲁样板开拓了新思路、注入了新动能。

三、亲身示范、辅导少年

几年前,章丘的少儿节目《肉夹馍》在全国获奖,这是件非常值得高兴的事情。一个小小县城的少儿节目在全国会演中获奖，也是件非常了不起的事情。当时这个节目的主创人员——如今已担任章丘曲协主席的郭女士也参加了这次理论研讨会。当她看见到会嘉宾有刘兰芳，喜出望外。和刘兰芳老师谈起当年会演获奖之事，恰好刘兰芳老师和一起来的宋全德老师都是当年会演的评委，所以她热情邀请刘老师去她创办的艺术培训学校看看。注重从小培养人才，是刘老师一贯积极倡导的事，便挤出时间一同前往。

  学校的规模很大，听说刘老师要来，学生和家长也早早在校门口迎接。刘老师等来宾先参观了学校的办学设施，然后来到会议室看学生的表演。由于时间关系，只展现了学生音乐、舞蹈、口才等表演。每当表演完一个节目，刘兰芳老师就现场认真讲评和指导，包括对艺术老师的指导。还建议学校领导，组织培训老师到外地学习，提高师资水平。刘老师的现场示范，让我感到非常惊讶，一位70多岁的人表演起少儿的表情真是惟妙惟肖，让在场的老师、学生、家长都感到亲切和佩服，不愧为艺术大师！这也是我要写这段的初衷。

  刘兰芳心中时刻装着中国文艺事业的发展与传承，为了文艺事业后继有人，付出了巨大的心血。

2020年8月

童心未泯

参加完徐州宿迁的一系列活动后,东道主非常热情,请我们去湖边吃大闸蟹。

刘兰芳老师及从北京来的几位嘉宾盛情难却,共同乘坐一辆商务车向湖边行进。

因参加的一切活动圆满结束,所有人心情都非常放松和愉快,大家兴致勃勃地东拉西扯闲聊着。

9月的徐州气候宜人,湿润的空气夹杂着淡淡的清香,大概是从酒厂出来的缘故吧,总感到空气中有一种酒的醇香,沁人肺腑。

走了很长时间,我们的车终于停在一个湖边的农家院前。这里前后没有多少人家,仅仅是个休闲度假的场所。

老板很热情地迎了出来,因为刘兰芳老师的到来,使得农家院里的服务员忙活起来。由于距离开饭的时间还早,老板热情地说,干脆带你们乘游艇在湖里游览一下吧。刘兰芳老师说,好哇。谁也没有多想就跟着老板向湖边走去。

这时才看见一艘停在芦苇边的快艇,我们互相搀扶着陆续上了快艇。快艇不大,只能容纳几个人。刘老师坐在前面,原中国民间文艺家协会主席罗

杨和另外一位领导坐在后边，我坐在中间。就这样，在船老大的掌控下，快艇嗖一下就蹿出很远。

而这时，我才想到，也没有给我们穿救生衣呀，没有任何的防护设备，那掉到水里怎么办呢?! 我不禁开始着急起来。

这位舵手却没有什么顾忌，大概想显示自己的驾驭水平吧，不但把快艇开得飞快，还一会儿左悬空，一会儿右悬空地来回变换着方位。我吓得直说:"师傅不要开得太快呀！不要角度太大呀！平面走就行！快往回开吧……"

刘兰芳老师则微笑着一句话不说，后边的也跟着说:"快艇不要太倾斜了，慢点开……"我知道刘兰芳老师不会游泳，这要有点闪失，后果不敢想……

在我们一致的叫喊声中，船老大才把快艇的速度放慢下来。

我是刘兰芳老师的助理，保护刘老师的各方面安全是我的职责，今天，怎么这样大意了呢?

我双手紧紧把住船边，看着坐在前面的刘老师，担心极了！

谢天谢地，一会儿，快艇终于安全回到岸边，我大喘了一口气说:"太后怕了，没有救生设备，上了快艇，还开得这样快，万一有个什么意外，怎么办哪?"

刘老师却淡然说:"我就喜欢这些带有刺激、惊险的活动，一点也没有害怕。曾经我在海上，被快艇吊到高空漂游了一回呢……"

后来听说，这个湖水深2米到4米，看着我们的照片，都没有穿救生衣，真是吓死人了！

回到酒店，刘老师却意犹未尽，这时看见餐厅的小桌子上放着扑克，刘老师问谁会玩拖拉机，也是就升级，一种游戏。因吃饭还需要等一会儿，我们等也是等，就玩一会儿。结果凑了四个人，开战！我知道，刘老师最喜欢的就是玩这种扑克游戏，等候就餐的时间，小玩一下，别提多开心了。

在快艇上，我冒险同刘老师来个自拍，把这珍贵的时刻留在了手机镜头前，我抢拍的这张照片，看刘兰芳老师笑得多么开心、多么灿烂哪！

——刘兰芳"童心未泯"！

2020年9月

走进山东定陶

"小红帽,小红帽,来,我们用一个……"乘坐的私家车刚停下来,刘兰芳老师就向车站上的小红帽招呼着。"不用,不用,谢谢!"我连忙说。

可能到过北京南站的都知道,从西侧进站口下车到商务舱的乘客进站只有十步远的距离,实在不需要小红帽哇,尽管我的年龄大了点。

刘老师太关爱身边的工作人员了!

我们顺利进入休息室,很快G59次北京南站开往曲阜的车开始检票了。一切顺利,等安排好一切,我在刘兰芳老师商务舱附近的一等座就位。

金秋8月,秋高气爽。通往山东曲阜的高铁,载着我心中的喜悦疾驶在华北平原。远望一马平川的大地,生长着茂盛的庄稼,绿油油的,随风摇摆,心情好极了!

我非常愿意随刘兰芳老师外出,无论到哪儿,对我来说都是一次学习机会,见世面、开眼界。因此,每次外出都让我兴奋得一夜难眠。

这次我随刘兰芳老师乘车到山东曲阜,刚下车,几束鲜花就送了上来,献给刘老师和同来的几位演员。然后我们又乘车前往菏泽的定陶。一路乘火车、汽车,很辛苦,可刘老师精神抖擞,看风景、读网络小说,等最后回到酒店已经是晚上10点多了。刘老师午后1点半从家出发算起,折腾近10个小时了。

　　为更好地深入开展"感党恩、跟党走，爱我家乡、奉献定陶"主题教育活动，由定陶区文联和菏泽日报新媒体中心联合举办，菏泽中景置业有限公司承办的"唱响金秋 相约水岸"曲艺名家走进定陶演出会于8月29日晚上，在定陶区生态湿地公园水岸学府文化广场隆重举行。

　　听说全国著名评书演员刘兰芳来了，人们从四面八方汇集到这里。只见整个广场人山人海，都来观看刘兰芳老师，走进定陶，高扬主旋律，讴歌真善美，传播正能量，一场视觉盛宴呈现在观众面前。

　　在一片欢呼声中，刘兰芳老师走上舞台，为观众表演评书《康熙买马》。听到刘兰芳熟悉的声音，观众席再次发出浪潮般的掌声。

　　刘老师深情地对台下的观众说："我多次来菏泽，来到定陶，感觉这里变化非常大。以前来的时候就看过牡丹，那时候的牡丹园没有什么建筑，但很质朴。现在菏泽、定陶的马路多了，楼房多了，人的精神面貌也好了。改革开放之后，这里有了很大的变化，环境也更干净了。今晚的月亮很美，我们

143

舞台的左边是七彩桥，右边是湿地公园，在这里负氧离子高、人长寿，是个好地方，祝你们幸福、安康！……"亲切的话语，接地气的祝福，使得在场的观众都沸腾了，沉浸在美好的艺术享受中。

回想起上午，刘兰芳老师应邀到这次晚会的承办方会议室，同企业家座谈。刘老师如数家珍地说，国家现在非常支持和鼓励民营企业的发展……企业家也谈到经营中的问题和困难。刘老师鼓励企业家在当地优惠政策下，让企业得到健康发展。在祥和的气氛中，刘老师向企业家赠送了自己的作品《岳飞传》。

"背景板是什么颜色的？你没有问吧？"刘老师的话，使我反应过来，光顾看景了，心里不禁责备自己。刘老师接着对主办方说："晚上的舞台布置得怎么样了？我想提前去看看场地。我什么都不用，只要一个立杆、一个动圈麦克就行。"多年的演出经验与习惯，刘老师不管身体多么疲劳，必定要亲眼看看舞台，看看演出环境。刘老师对我说："我们是专业演员，'认真'是我们专业演员的生命！"

从会议室出来，我们直接到了演出现场，看搭建好的舞台。刘老师一下就发现舞台搭建高了。坐在台下看演员表演需要仰视，如果再低下一尺，会很舒服的。可是已经没有补救办法了。多年的舞台经验，刘老师对一切都太熟悉、太有经验了。

到今年，刘兰芳老师从艺61年了。演出结束后在与晚报记者的采访中，刘老师讲述了自己说评书和如何为传承发展评书事业而努力的经历："说和唱是一回事。自己小时候从学习东北大鼓转为评书，并不算'换了专业'。我在娘肚子里就听东北大鼓，受到我母亲的熏陶，自然就学了，那时候都是无意识学的。后来拜了杨丽环为师，学西河大鼓。一年后演出市场不好，女师傅自己还有几个孩子，再加上我，就算棒子面糊糊也吃不起了，师傅就让我回家了。我姨母教我说《封神榜》，平时我就跑出去听书。

"说评书，刚开始学徒时不能改小说，当时小说改出来的东西没人听。我们说评书，当时学的都是老艺人几百年留下来的精华。所有的艺术都没有说书人历史悠久，说书有千年历史。就像四川出土的汉代'说书俑'，南宋陆游写的关于说书的诗，《清明上河图》里也有说书的酒肆茶楼……

"第一次在茶馆表演评书，是我们三个小女孩儿一起，一开始我们给老演员'盯地'，我们得了解观众对表演的反馈，一举一动都得看到，比如有个观众动了，中途离开后有没有回来，我们得知道。如果没回来，就是那一段说得不行，得赶紧改。当时几家茶楼会有竞争，男性说书人有说武打类的、神话类的，要在竞争中提高，说书没有观众的话，以后你还怎么表演、怎么生存？

"后来，开始走进电台、电视台录制长篇评书。以前现场演出多一些，录音频、视频，会跟现场演出不一样，但要当作自己面前有很多观众，身边有很多人，声音、

化妆等都要格外注意,不能少。……无心插柳柳成荫,我也没想到《岳飞传》影响会这么大。当时有个中国广播协会,每年举办全国各市地广播节目交流。投票全体通过,最后决定全国的电台都同时播放我的评书,每个电台都有我的声音。"

刘老师接着说:"无论哪个时期,我都没想过要成名,但我知道自己特别努力。既然我有了名气,就更要格外努力。评书非常接地气,选的书好,也能激励人。

"师傅领进门,修行在个人。我们小时候学说书,是因为穷,要讨口饭吃。但现在,那么多孩子考大学前谁会学说书呢?大学之后再学,就有些晚了。学说书得从小时候开始,18岁时功夫就出师了。长大后再学,功底不好,嘴不好使。

"但是,一种艺术总会后继有人的,总会有传承的。至于传承得如何,东方不亮西方亮,哪怕你这边没传承好,可能在别处就冒出个好苗子。现在的说书人不多,北方的国家级的评书传承人,只剩三个了,南方的还有些。能不能有人接班,就是后话了。能不能传承,或者他自己有了基础后再创新,或许新的曲种又出现了,这样也就可以了。

"但是,现在的文艺舞台姹紫嫣红,西方文艺也在国内发展,更多新的内容也出现了。在这种环境下,说书人应该如何生存,如何适应网络环境呢?我觉得,还是要提高自己的文学水平、表演水平,适应网络说书这一新的方式。"

在山东定陶,刘老师的讲话,就是留给后人一笔财富。刘老师为了评书艺术的传承和发展,用生命在捍卫、奉献着……

2020年9月3日

讲英雄，做英雄，不断前行

怀着兴奋和激动的心情，我陪刘兰芳主席参加了由中央文明办、中国文联主办，中国曲艺家协会及有关省、市地政府、文明办协办的第七届全国道德模范故事基层巡回演出。

9月，秋风送爽，阳光普照。这次巡回演出，我们将去甘肃、四川、广西的庆阳、武威、宜宾、眉山、桂林、梧州这6个城市演出10场。其中有很多城市是我没有去过的，更何况这是我第一次参加全国道德模范巡讲团，因此，我盼望着这一天的到来——9月18日，是我们出发的日子。

兴致勃勃的我早早来到北京大兴机场，将乘坐中国联航GS7879次航班从北京直飞甘肃庆阳，这是巡演第一站，也是我第一次飞往甘肃省庆阳市。在约定的时间，我同刘兰芳老师会合。通过机场防疫检查，顺利地办好了行李托运等手续，在候机室等待登机。

疫情后的大兴机场，人还不多。我和刘老师巡视着，希望能碰见同行者，可没有遇见一个人，直到我们的飞机降落在甘肃庆阳机场，才遇到了同机来的中央文明办的领导和中国曲协带队的梁刚处长以及工作人员董倩倩等人。

这个巡讲团，是由全国各地抽调选拔的优秀节目。中国曲艺家协会名誉

主席、评书表演艺术家刘兰芳,中国曲协副主席、绍兴莲花落表演艺术家翁仁康、中国曲协副主席、谐剧表演艺术家张旭东,中国曲协艺委会主任、著名评书表演艺术家杨鲁平等著名表演艺术家及有关演职人员,分别用湖北大鼓、评书、绍兴莲花落、数来宝、谐剧、广西南曲等观众喜闻乐见的曲艺形式,演绎深藏功名60多年的张富清、"中国民航英雄机长"刘传健、"全能雷神"杜富国、"草根卫士"阿迪雅、用生命诠释初心和使命的"第一书记"黄文秀、藏族邮运驾驶员其美多吉、"中国核潜艇之父"黄旭华等7位全国道德模范的英雄事迹和感人故事。

　　这些节目以丰富的艺术感染力,诠释了全国道德模范热爱祖国、奉献人民的家国情怀,自强不息、砥砺前行的奋斗精神,积极进取、崇德向善的高尚情操,在为观众带去艺术享受的同时,更让观众深受熏陶和启迪,推动了在全社会形成崇德向善、见贤思齐、德行天下的浓厚氛围。道德模范们的事迹非常感人,也为大家的日常行为树立了榜样。要以好人为荣,向模范看齐。

　　在巡讲演出中,各省、市地领导纷纷表示,要借这次基层巡演的东风,努力让社会主义核心价值观成为共同的价值追求,让向上向善的道德风尚蔚然成风，让精神文明之花处处绽放。

刘兰芳老师已经连续参加了7次全国道德模范巡演。这次讲述的是核潜艇之父黄旭华隐姓埋名30年，为国家研制核潜艇的《大孝唯忠》的故事，生动诠释了"对国家的忠，就是对父母最大的孝"的先进事迹。

刘老师多次讲演这个故事，可每次讲，还是被黄旭华的先进事迹感动得流下热泪，因此，这期间巡演，每当刘老师演讲，我都站在台口准备好纸巾，等刘老师下场时用，再参加全体演员谢幕。每每看到这个场景，我都被刘兰芳老师全身心投入的敬业精神感动。

刘老师不但保证自己精湛的讲演，还用心管理巡讲团。出发之前我听到中国曲协给刘兰芳老师打电话，请她担任这个德模范巡讲团的领队，刘老师婉言谢绝了，说："肯定保证好自己的演出，让别人做领队吧。"

实际，从道德模范巡讲团出发开始，刘兰芳老师就成为不是领队的领队。由于刘老师的名气、身份以及多年的工作经验，每到一地，刘老师自然而然就成为领队。各地领导争先恐后地同刘老师照相、采访，也使得我们的团队一直在巡演的路上顺利前行。

9月22日,是巡讲团多次换乘比较辛苦的日子。

早晨8点从甘肃武威出发,乘坐3个多小时的汽车赶往兰州机场,中途在兰州机场附近吃了中餐,到机场安检过后,乘坐15:35—17:05的航班从兰州飞到成都。而后取完行李,拖着自己的物品,从成都机场出来,又分别乘摆渡车来到成都高铁站,又一次安检,等候乘19:35—21:30成都到宜宾的高铁。这时,已经到了晚餐时间,在候车室,当地接待的没有安排晚餐。疲劳加上饥饿,使得部分团员情绪有点急躁。说实在的,这一整天奔波在路上,也确实太累了。

刘老师也同大家一样,年龄大,路途远,几经换乘来回折腾也很辛苦。可刘老师看见大家的情绪急躁,主动担当,站起来说:"我不是团长,但我说几句,我们这个道德模范巡讲团要互相爱护和包容。现在大家很疲劳,再坚持一下,讲模范做模范嘛……"同时和带队的负责人商量如何解决吃饭的问题。刘兰芳老师诚挚地关心着这个团队。

在各地被接待时,刘老师必定成为中心人物。刘老师谦虚礼让,直推年轻人上前。但强大的气场在这次巡演中,仍处处主导着这个团队,使得这个道德模范巡讲团成为一个强大的团体，圆满完成第一阶段的巡演。

又一次记忆很深的辛苦是在四川宜宾演出后，早晨8点出发，整个团队乘车3个多小时来到眉山。由于当天有两场演出，到了眉山以后，没有安排住宿。演职员直接来到演出地点——会议中心走台，中午在会议中心吃盒饭。下午3点演出后，也没有回到酒店，晚餐又在演出场地吃的盒饭，直至演出结束，夜里10点多钟了，巡讲团的演员才回到酒店办理了入住手续。

刘兰芳老师看见每位演职人员，非常心疼地说："辛苦了，你们辛苦了。"实际，刘老师不顾自己年龄大，一样的行程也是非常辛苦的，可她心里牵挂着道德模范巡讲团的每一个人。

即使这样疲劳，每到演出时，刘兰方老师倾情投入，讲英雄、学英雄，演出效果非常好。

由于这次外出时间长，换下的衣服没时间洗，只能委托酒店来做。在宜宾大酒店，当把洗好的衣服送到房间，刘老师拿200元钱，让我去交洗衣费。我来到大堂前，服务员说，洗衣服的钱已经算在房费里了不用交。我同刘老师说了情况以后，刘兰芳坚定地说："不行，自己洗衣服的钱一定自己拿，不能占公家的钱。"酒店服务员再三说已经结算完了，不用交，可刘兰芳坚持一定把洗衣费交给酒店。这种从小事严格要求自己的精神和事情，在我当助理的几年里时常发生，不占公家一分钱，是刘兰芳对自己最起码的要求。

我们在四川眉山演出时，知道了第十一届中国曲艺牡丹奖评奖正式揭晓，为褒扬在曲艺艺术方面取得卓越成就的曲艺家，经中国文联研究决定，授予评书表演艺术家刘兰芳中国文联终身成就奖荣誉称号。

我们都为刘老师祝贺，刘老师却非常淡定地说，我的一生都献给曲艺评书事业了，终身成就奖是一个肯定。我还要不断学习，不断提高。

是呀，用天天学习、时时学习来评价刘兰芳老师一点不过分。刘兰芳老师走到哪学到哪，时时处处学习各种知识，不断提高自己。每到一地的演出，刘兰芳老师从各个方面学习了解当地的历史文化、风土人情，已成为习惯，然后自己编辑创作新台词，展现在当下的演出中，受到观众的喜爱和赞扬。

这次巡讲团来到广西桂林演出，听一个朋友说他和黄旭华是校友。经过深入调查，原来黄旭华1941年在桂林中学35班读过书，而且前几天，也就是9月22日，核潜艇之父黄旭华向母校桂林中学捐赠了50万元人民币，支持桂林中学的发展建设。这信息让刘兰芳老师非常兴奋和激动，立刻编撰在自己的作品里，演讲中把这个故事讲给桂林在座的各位，这样的演讲能不受欢迎吗？

　　在桂林演出，当地负责人安排了巡讲团游览漓江等地风景区，刘兰芳老师代表大家谢绝了。因为在桂林也安排了下午两场演出，为了保证演出质量，要到剧场联排。尽管有很多人第一次来到桂林，没有看过漓江、象鼻山的美景，但大家的心情一样，完成好道德模范巡讲任务是最重要的，是向英雄学习的最好体现。

　　道德模范巡演中，刘兰芳老师又一次带领团队圆满完成演出任务，时时处处严格要求自己，不愧为曲艺界的英雄模范。

　　中国曲艺终身成就奖获得者刘兰芳，讲英雄，做英雄，不断前行……

2020年10月3日

参加全国"非遗"曲艺周

同往常一样，首都机场T3航站楼8号进站口，在约定时间，我接过刘兰芳老师的服装箱，随刘老师到国航白金卡柜台办理登机手续。

同往常不一样的是，今天，刘老师自己先飞到厦门参加一个会议，明天赶到宁波。而我则带着刘老师的箱子直飞宁波。这是我给刘老师当助理近4年的时间里，第一次与刘兰芳老师没有同行到一个地方。

飞往厦门的航班先行登机，我送刘老师到登机口。望着刘老师一个人慢慢行走的背影，心里不禁涌起了一股不舍和牵挂……

由文化和旅游部的非物质文化遗产司、文化和旅游部艺术司、浙江省文化和旅游厅、宁波市人民政府联合主办的2020全国"非遗"曲艺周将于10月9日—14日在宁波市举行。

这届全国"非遗"曲艺周，以"融入现代生活、弘扬时代价值"为主题，首次探索"线上为主、线下为辅"的活动形式，打造永不落幕的全国非遗曲艺周。

主办方筹备工作很到位，会议材料非常详细地介绍了这届曲艺周线上活动10项，线下活动8类，光明网等很多网站展播258个优秀曲艺节目，并首次将全国127个曲艺类国家级非遗代表性项目193个子项全部在线上展示，累计视频时长8000个小时，线下活动荟萃全国7个省20城70余位曲艺代表传承人的精彩表演。

刘兰芳老师被邀请参加的是第三届全国"非遗"曲艺周的开幕式演出，并在"曲艺主题论坛"会议上发言。因此，宁波一行，刘老师担负着非常重要的角色和任务。

在厦门参加完会议，刘老师将从厦门飞到杭州，再从杭州乘3个多小时的车到宁波，晚上在宁波参加开幕式的演出。

午后4点半，刘兰芳老师的车停在了宁波香格里拉大酒店门口。时间太紧了。奔波了整整一天的刘兰芳，知道演出前还能有一个小时的休息时间，感到非常满足了。

全国"非遗"曲艺周的开幕式演出，于当晚7点半准时在宁波保利剧院拉开序幕，刘兰芳老师是最后一个出场。

尽管辛苦、疲惫，可刘兰芳老师晚上的演出一上场，就精神抖擞、气宇轩昂，博得了观众热烈的掌声。刘兰芳老师几十年来潜心评书，在实践中不断大胆探索、追求创新。演绎中带有铿锵起伏的美感，说书中高亢嘹亮的声音，让观众片刻入戏，将民族文化精髓深深印记在观众心中，独特的表演风

格受到观众的喜爱。

真是太佩服刘老师了,这一天下来,从早晨乘飞机、乘汽车,连续地奔波、劳累,演出效果还出奇地好。刘老师也非常高兴地说:"我这样76岁年龄的人了,搞曲艺的能说个小段,垫垫场的就不错了。如今,我还能说大段,完成压底演出,实属不易了。尤其在这全国'非遗'曲艺周开幕式的重要演出,演员、节目都是精挑优选的,所以,我感谢'非遗司'的厚爱,邀请我参加演出。"

中国"非遗"曲艺历经几千年春秋,风潮几经更迭,始终是星光璀璨、风华万丈,创造了丰硕的艺术成果,拥有独特的历史地位和突出作用。

"全国非遗曲艺周曲艺主题论坛会",是这届全国"非遗"曲艺周的又一重头戏。文化和旅游部非物质文化遗产司副司长钟建波首先致辞,他介绍说,今年第三届全国"非遗"曲艺周,将继续保持前两届"便民惠民""互鉴交流"的特色,全国及海外观众可以用最便捷的方式,在曲艺周期间欣赏到优秀的曲艺节目……司长的讲话既有理论也有高度。

紧接着轮到刘兰芳发言,我想,也没有看见刘老师准备呀,这么正规、严谨的理论研讨会,刘老师怎么发言呢?

"论坛别开生面,一曲《慈孝曲》给我们带来意境,刚才会场上大家交谈热热闹闹的,音乐一起,立刻安静下来,让我们穿越了,这就是音乐的贡献。听完之后心里静静的,像高山流水,站在河边沉思……'慈孝'两字都是对父母说,对国家忠也是孝,所以别开生面。

"司长钟建波先生的讲话使我热血沸腾,振奋人心。我觉得我们非物质文化遗产的传承工作有章可循,前景可观。我搞一辈子曲艺了,爱曲艺,对哪个曲种我基本都了解……

"一部《岳飞传》通过电视、电台,成全了我。如果没有这部书,就没有我的今天。我今年76岁了,已经写了《彭大将军》《大汉刘邦》等40多部书。为什么还在做?因为责任,任重道远。

"曲艺非遗要传承,传承不是目的,目的是发展、创新。比如说,现在我说的评书《大孝唯忠——黄旭华》,这是新书目。'古为今用,洋为中用',老

集体合影

书新评,不要故步自封……

"我希望我的声音除了能给群众带来笑声,更是让观众听到这些穿越时代的英雄之声。因为崇尚英雄才会产生英雄,争做英雄才能英雄辈出。我们致敬英雄,致敬的是我们最好的年华韶华,致敬的是与这个时代相伴的美好时光,更多是致敬英雄带给我们的心灵启迪,是我们被启迪影响过或影响着的一生。愿我们的非遗曲艺传承发扬光大,不断地腾飞!"

诗朗诵一样,刘老师甜美的声音,诗情画意、激情洋溢的发言震撼了在场的每一个人。刘老师的发言太精彩了!

刘老师高质量地完成了既定的任务后,放松心情参加会议的其他活动。

在一次就餐,我们刚在餐厅落座,一位邻近的男青年说:"刘老师,我可以同您照张相吗?"我看了一眼,心想:"什么时候哇,刘老师还没吃饭呢。"而刘老师却微笑地对他说:"等我吃完饭。"不管什么时候,刘老师总是热情、耐心地对待每一个人。

当我们一起从餐厅往外走时,这位男青年说:"刘老师,31年前,我参加上海《故事会》大奖赛获得全国少年二等奖,当时就是您给我评奖的。"刘老师听后非常惊讶,说:"那个奖项可不好得!"30多年前举办的上海《故事会》大奖赛延续至今,每年刘兰芳老师都被邀请到上海当评委,没有想到,在这里看见了31年前的获奖者。刘老师便关心地询问他现在做什么,叫什么名字。这位年轻人介绍说，他曾经在央视七套工作，后来回到家乡，现在是市电视台的节目主持人，也是宁波市的评话演员。随即刘老师让他说一段，便聚精会神地投入到艺术交流，而后刘老师还为他演示自己的评书艺术。

对艺术的钻研，对青年人的培养，对曲艺传统艺术的传承，刘兰芳老师就是这样随时随地不辞辛劳地去做。

宁波奉化是蒋介石的故居，利用一天的下午，我们一行人去参观，并且到附近溪口风景区看看。这时只见远处走来一伙人，看到附近站了一排保安人员，估计来的起码是部长级的大领导。刘老师低声对我们说："不知什么领导来参观，我们回避一下。"

当我们还没有走几步远，就被人喊住了。对方认出了刘兰芳。

我们随刘老师迎上去。这时才看清，原来这些人是陪同全国政协副主席周铁农来参观的。周主席认出了刘兰芳。

刘老师微笑地对周主席说："不知是哪位领导来呢，我们只好绕道走，怕领导，远离领导哇。"周主席诙谐地打趣说："我们都怕你呀，你把谁说好就好，说不好就不好。"说完大家都笑了起来。

刘兰芳老师在任中国文联副主席、中国曲协主席时，曾担任了三届全国政协委员，并且是政协文化系统委员的召集人，所以周主席与刘兰芳非常熟悉。刘老师愉快地同周主席交谈，并连忙对我说，把主席的通信地址记下来，给邮寄最新出版的《岳飞传》《杨家将》《呼家将》等4本书及评书集。而后刘兰芳与周主席一行人在愉快的谈笑中合影留念。

刘兰芳老师就是这样低调做人，高调培养人。为中国传统文化曲艺艺术默默奉献自己毕生精力。

在落日的余晖中，我们带着相逢、相知的愉悦，带着对明天美好的憧憬和希冀，踏上了返程的路……

2020年10月9日

福到全球送万家

冒着凛冽的小北风,我提前一小时来到了位于北京西城的世纪坛艺术馆。今天将在这里举行"福到全球送万家"活动。刘兰芳老师将作为"福到全球送万家"的形象大使之一送福字。

写春联、贴福字是中国最隆重的春节民俗活动。因为"福"字是中国人传统的最美好的祝愿,承载着中华民族深厚的文化情感、民族记忆和美好愿望。

这次由中国国际文化交流中心等单位在世纪坛艺术馆联合举办的"大家一起写书法、福到全球千万家"就是一项以中华"福"文化为底蕴,以书法艺术为载体的国际文化交流公益工程。

在既定的时间,刘兰芳老师的车来到世纪坛艺术馆门前。身穿黑色羊绒大衣的刘老师,神采奕奕地走下车,和前来迎接的主办方领导握手寒暄。

出席这次活动的有全国人大、政协

以及中国国际文化交流中心领导和书法名家等。在启动仪式上，首先由组委会负责人公布了"福到全球千万家"大型活动的实施计划。

据介绍，此项公益工程首期5年。从2020年12月至2025年春节，以文字互识、文艺共享、文化交融、文明互鉴为宗旨，发动海内外书法家和各界代表人物书写福字春联，计划5年共送出1000万套福袋，范围覆盖180个与中国建立外交关系的国家的家庭和个人。组委会还将每年聘请100名在全球具有影响力和号召力的全球送福大使以及送福志愿者，亲身参与书写福字和春联，为活动宣传代言。

全球送福大使、著名评书表演艺术家、原中国文联副主席、中国曲艺家协会名誉主席刘兰芳老师作为全球送福大使，在会上代表这些全球送福大使、书福大使、志愿者宣读活动倡议书，号召大家积极参与"福到全球千万家"活动。

刘兰芳老师同中国书法家协会主席苏士澍等领导共同拉开"五福迎瑞奇"，宣布"福到全球千万家"的公益工程正式启动。150余名中外嘉宾和各界代表共同见证了这一具有特殊意义的时刻。

2020年12月7日

值得回味的一次出行

同刘兰芳老师的每次外出，都给我留下深刻的印象，这次出行，尽管已经过去几天了，想起来还是回味无穷……

我们这次的行程是8天，先到祖国的边境城市内蒙古巴彦淖尔乌拉特中旗演出，然后再到温暖美丽的江苏苏州。其间经历了零下20多度料峭的北风寒冷，也沐浴到江南冬天如春的温暖。这么大的温差转换，仅在短短的几天时间里，感到非常爽快。

让我感到兴奋的还有，我们这一次出行，分两个阶段，先从北京出发飞到内蒙古，从内蒙古飞回北京，在首都机场不回家，直接换乘飞往上海的航班。

12月23日，由中国民间文艺家协会、中国文艺志愿者协会、内蒙古自治区文联、中共乌拉特中旗旗委宣传部主办，中国文联民间文艺艺术中心、中国民协民间音乐艺术专业委员会、内蒙古巴彦淖尔文联等单位承办的2020年"送欢乐、下基层"——中国文联学雷锋文艺志愿队走进内蒙古的演出在乌拉特中旗市民中心举行。

刘兰芳、乌日娜、金霖、王玉、宋德全等著名艺术家、文艺志愿者从全国各地汇集到内蒙古。他们精彩的表演让现场观众时时报以热烈的掌声。

在这个非常寒冷的冬天，中国文联学雷锋志愿服务队到基层慰问，给美丽的乌拉特大草原的人民献上了一场非常精彩的艺术盛典。

刘兰芳老师特别善解人意，每次讲话打动人心。她在这次演出中深情地对台下的观众说："你们生活在边疆，守卫着祖国大门，让我们国家安宁祥和，你们辛苦啦，谢谢你们！……"这些亲切的话语，让台上台下的感情交融在一起。

利用休息时间，刘兰芳老师在当地人的陪同下参观博物馆。刚出酒店大门，一股北风袭来，吹得人几乎站不住脚。陪同人担心刘老师身体，刘老师温和地说，我们是北方人，不怕冷。走在乌拉特中旗的路上基本看不到人，车辆也非常少。可听说，当地人生活的幸福感非常强。

临出门我把自己武装得严严实实的，穿了几层保暖衣服，如果不在这寒冷的环境里嘚瑟一下，带的这些装备就失去意义了。因此，我兴致勃勃地参观了乌拉特中旗的市容市貌。

161

刘兰芳老师因为家中有曾获冬奥冠军的外孙女徐梦桃，总送给她各种国服。这次她穿的是国家体育代表团定制的白色羽绒大衣，漂亮、暖和，衣服胸前印有红色国徽图案，谁看见都羡慕极了。赞不绝口。

我感觉这次在内蒙古演出，刘老师是最开心的，笑容几乎时时挂在脸上。因为她的二儿子王玉也被邀请来到了内蒙古乌拉特中旗，表演相声，同台演出！

王玉是原中国煤矿文工团的国家一级演员，现在隶属于中国文化旅游部。王玉在演出事业上总是与刘老师保持一定的距离，特别低调。不过，刘老师非常心疼这个老二王玉，走到哪都牵挂着老二，而且给老二买东西最舍得花钱，愿意博得他的喜欢和高兴。就拿这次演出结束后，刘老师四处寻找卖酒的商店和卖下酒菜的烧鸡、小菜，买回来送给王玉，这是她二儿子喜欢的。我一看，刘老师——惯孩子！

刘老师的大儿子王岩，是火箭炮部队正师级干部，享受副军级待遇，各方面不用操心。而老二王玉的身体不太好，所以，刘老师时刻挂在心里。

这次外出，我每每看见刘老师望着年近五十的老二王玉那发自内心的笑容，感到母爱的伟大。不管孩子年龄大小，在妈妈心里，永远是长不大的孩子！

圆满结束了在内蒙古的演出，我们乘坐国航飞机于14日12点30分降落北京首都机场T3航站楼。当我推着行李车出来，刘老师的先生王印权和司机已经等在接站口。此时换乘前的准备开始。我们统统把厚衣服及不用的由他们带回家，然后把去江苏的物品重新装箱，一切准备就绪，我便推着行李车愉快地同刘老师重新办理登机手续，准备乘坐15点30分的飞机，继续踏上南行上海的旅程！

飞机准时到达上海虹桥机场，我们又乘坐小车来到了苏州这个美丽的城市。

由中国曲艺家协会评书艺术委员会、苏州评弹艺术委员会、江苏省曲艺家协会等单位在中国曲艺家协会的指导下主办的，江苏市评弹团具体承办的2020年"继承传统、发展创新"全国评书、评话、故事展演暨理论研讨会在这里举行。

在江南演出，评弹、评话是当地人非常喜欢的艺术形式，因此这次会议也在江南召开。刘兰芳老师走到哪儿都非常关心各地的演出市场和演员们的生活待遇。她听说，在目前演艺市场不太景气的情况下，苏州评弹团演员们的幸福指数很高。每天上午演出，下午喝茶、休息，晚上还有演出，他们的收入让省评弹团的演员都很羡慕。刘老师询问她的高徒、苏州评弹团副团长王池良，说："是这样吗？"王团长微笑着肯定地说："是的，是的，是这样！"刘老师听后非常高兴。

刘兰芳老师说自己这次到南方来演出，就是来打擂台赛了。语言不同，欣赏习惯不同，北方的评书在南方演出亲民方面就很吃亏。所以，刘老师非常重视这次演出。认真准备。实际，这是老艺术家对自己的严格要求。等节目进行到最后一个，刘兰芳老师上场，声音高亢嘹亮，气贯中堂，加上娴熟的演技和观众喜爱评书《岳飞传》的热情，刘老师的演出气场压过了一切，收到非常好的演出效果。

随着春节的来临，各地召开联欢会的多了起来。在常熟辛庄镇，也请来刘兰芳老师，为基层观众演出。这也是这次行程的最后一个演出地点。

我们一走进会场，就看见"美丽常熟、安馨辛庄，著名评书表演艺术家刘兰芳先生携手评弹名家走基层迎新春专场演出"的大标语醒目地展示着。

演出时间是下午1点，圆满完成演出后，我们立即乘车直奔无锡机场，返回北京。

这一次出行，同刘兰芳老师从祖国的北疆到美丽的南方城市，感到非常充实。看见刘兰芳老骥伏枥，传承曲艺艺术，被观众称赞为中国曲艺艺术大家。

而我则见缝插针，重新游览了世界文化遗产留园和拙政园，逛了苏州的老街，这样的出行，都是非常珍贵的，值得回味的……

2020年12月25日

精彩评书说抗联

位于朝阳高碑店附近的演播大厅，著名评书表演艺术家刘兰芳满怀激情地站在演播台上，一块醒木、一把扇子、一块手绢，开启了东北抗战联军英雄事迹的演讲。

"今天不说《岳飞传》，也不说《杨家将》，我来讲讲《抗联英雄传》……"

建党百年之际，中国少年儿童文化艺术发展基金会与黑龙江卫视联合推出《抗联英雄传》，聚焦东北抗联英雄人物，充分运用舞美的高科技手段，制作背景视觉效果，配合场景音乐及声效渲染气氛，在著名评书表演艺术家刘兰芳老师慷慨激情的演讲中，一个个东北抗联英雄人物，一段段忠贞报国英雄情怀，一件件发生在白山黑水间的红色历史故事，涓涓流出……

这次《抗联英雄传》共计27讲，分别讲述了抗联英雄杨靖宇、赵尚志、周保中、李兆麟、赵一曼、冯中云、八女英烈等抗联英雄的动人故事。

刘兰芳老师接到任务后，立刻全身心地投入创作。抗联英雄的事迹感动着刘兰芳，演讲时，她常常被流下的眼泪模糊了双眼。

厚厚的演讲稿，尽管有演示板提示，但刘兰芳老师为了演讲效果，几乎每段英雄故事都背下来。她说，只有心里记住了这些内容，才能全神贯注地表现出来，否则精力不集中看提示板，就分神了，表现不好，播出来的效果不好，影响整体制作演播效果。

第一天录制结束后已经晚上10点多了。刘老师的家距离演播现场，开车来回需要两个多小时。为了保持最好的精力，抓紧时间尽快完成节目录制，向党的生日献礼，录制的第二天刘兰芳老师便带来洗漱用品，做好了就近找宾馆，不回家住的准备，以便节省更多的时间看稿子。

刘老师今年77周岁，在艺术面前，都是全身心投入，精益求精，克服各种困难和不便，为评书事业倾尽所有。

中华传统文化评书艺术，刘兰芳曾经演播的评书《岳飞传》《杨家将》等创造了评书史上的辉煌；《评书说两会》又让大家耳目一新；连续七届的全国道德模范巡讲，刘兰芳的足迹踏遍了祖国的山山水水，等等。今天，刘兰芳老师的评书，又承载着鲜活的使命，随着她的倾情演绎，一个个传奇又感人的红色历史故事，抗联英雄的壮举又展现在观众面前，大放光彩！

"头颅可断志不摇，邪恶怎比正义高。革命烈士杨靖宇，名垂青史美名标！"

"反抗压迫抵外侵，民族大义震乾坤。抗日救国视已任，英雄永驻赤子心！"

"今天咱们说赵尚志……一腔热血染征袍，松林皑皑天地摇。可叹英雄多薄命，白山黑水送英豪。"刘兰芳通过精湛娴熟的演播技巧，将赵尚志父子同心巧施计谋，协力抗敌的故事演绎得悬念迭起、丝丝入扣，引人入胜。

"赵一曼，这个名字大家太熟悉了，她是优秀的共产党员，是被全国人民怀念的抗日民族英雄。其实原来赵一曼并不姓赵，而是姓李，李一超。不但如此，她还是一位高才生。她曾就读于莫斯科中山大学，毕业于黄埔军校武汉分校……这正是：巾帼英雄耀中华，投革命闯天涯，白山黑水除敌寇，洒泪托孤传万家……忠贞不屈受酷刑，坚定信念真英雄，反满抗日鼓群众，爱国热血壮豪情……"

……

《抗联英雄传》的一个个生动感人的抗联英雄事迹，追溯还原英雄战斗及生活经历，探寻"东北抗联精神"时代内涵，全面展现了黑土地上广大人民的不屈斗志和抗联英雄爱党爱国的真挚情怀。

讲好英雄故事，塑造英雄形象。刘兰芳老师把评书艺术与抗联传奇巧妙融合，"听抗联故事，学党的历史"，深感意义重大，"不忘初心、致敬英雄"

的信仰理念，昂扬向上催人奋进！

　　致敬八女英烈的"弃渡河一班御寇，永流芳八女投江"的评书小段，生动还原了八位女英烈牺牲前最后的场景。为了掩护大部队安全撤离，八位女战士放弃生的希望，主动吸引敌人火力。当打光最后一发子弹，她们手挽手步入了寒冷刺骨、波涛汹涌的乌斯浑河，毅然决然选择投江殉国。通过灯光与画面、音效与评书的综合呈现，观众仿佛被带回到了80多年前的乌斯浑河，置身于那场惊心动魄的战斗，被八女英烈视死如归的英雄气概深深震撼。其中最小的年龄仅有13岁……

　　《抗联英雄传》的每一段评书故事背后都承载一段生动鲜活的历史。14年艰苦卓绝的东北抗联斗争，铸就了载入史册的东北抗联精神，白山黑水间留下了可歌可泣的英雄事迹。……

　　刘兰芳老师在录制时，对自己要求非常严格，很多时候，大家都觉得刘兰芳演说得非常好，可刘老师自己不满意，要求再来一遍，有时在台上一站就是几个小时，敬业精神得到在场人的赞赏。

她常说:"我是把评书事业当作生命一样看重的人!"

这次录制节目期间,难能可贵的是,我们还见到了杨靖宇的孙子马继民,赵一曼的孙女陈红,李兆麟的孙女李海滨,冯仲云的儿子冯松光、女儿冯丽雯等许多东北抗联将领的后代。刘兰芳亲切地同他们合影留念。

他们也在《抗联英雄传》中深情追忆先辈。从亲人的视角,近距离讲述了许多催人泪下的英雄故事。杨靖宇的孙子马继民曾见过刘兰芳老师,这次再次见面,万分激动,他从手机中翻出以前同刘兰芳老师的合影,给刘兰芳及其爱人王印权老师看。刘兰芳老师细心听马继民讲述了爷爷牺牲多年后,他们家才知道英雄杨靖宇就是自己的爷爷马尚德,目前杨靖宇烈士安葬在东北烈士纪念馆。

《抗联英雄传》挖掘英雄鲜为人知的生活与战斗经历,丰富英雄光辉形象,给人更加饱满、更加亲近、更加有力的心灵震撼和精神引领。

刘兰芳老师用评书艺术形式,讲述《抗联英雄传》,穿越白山黑水的烽火岁月,追忆东北抗联的悲壮史诗,传承中国共产党和中华民族的宝贵精神财富,不忘初心、牢记使命,使得中国革命精神永远继承与发扬光大!

2021年初

清明诗朗诵会

"春城无处不飞花，寒食东风御柳斜。"又到一年清明时，在这个中华民族传统的节日，我陪著名艺术家刘兰芳老师乘车去顺义，参加由顺义区委宣传部、顺义区文化和旅游部联合举办的清明诗朗诵会。

风清气爽，春意盎然，京密高速车流穿梭往来，在这个传统的文化节日里，人们以各种形式来缅怀亲人、缅怀先烈、祭祀祖先。

这次清明诗朗诵会的活动宗旨，就是以诗朗诵的形式来怀念、歌颂革命先烈和为祖国社会主义建设事业做出贡献的杰出代表。由于疫情原因，此次活动以线上活动为主。利用声光电等现代技术，将传统与现代的诗情画意、现实与浪漫相互交融，为大家呈现一场高水准的朗诵视听盛宴。

清明诗朗诵会分为《1921——建党时刻》《革命的征程》《社会主义发展新时期》《新时代新征程》4个篇章，由近20位艺术家及朗诵爱好者共同演绎15个作品。其中顺义的原创作品和朗诵爱好者也倾情出演。

刘兰芳老师表演了全国第六届道德模范巡讲中的《大孝唯忠》黄旭华的事迹。核潜艇之父黄旭华隐姓埋名30年，研发制造出我国第一艘核潜艇，事迹非常感人。刘兰芳老师深情表演，自己都被黄旭华的事迹又一次感动得流下热泪。

近两个小时的清明诗朗诵会，为顺义和北京的文化舞台增添了一朵绚丽之花。

演出结束后，在接受顺义电视台记者采访时，刘兰芳老师高度评价了顺义区政府举办、组织的这次清明诗朗诵会。她说："我认为这次活动，举办得非常有意义。几个原因：一是祭祖、祭英雄。这是中华民族优秀的传统文化之一。祭祖是孝，也是忠。我们今天的幸福生活是哪里来的？是无数革命先烈用生命换来的。因此，清明节我们缅怀先烈，继承他们的遗愿，把祖国建设得更加美好。

"另外，今年是中国共产党建党100周年。我们的党从最初几个人发展到今天几千万人，大概是9000万。我们不要忘记，今天的幸福生活是革命先驱们用生命换来的。所以这次活动举办得非常好。

"朗诵会的节目安排也很好，4个篇章分别代表中国共产党成长发展壮大的4个时期，前面是党史朗诵，紧接着也是今天的改革建设时期。在现代化的改革开放中，黄旭华等祖国人民英雄，他们为国家的经济发展繁荣贡献非常大，所以这个活动举办得好，为你们点赞。

"前不久，我参加全国政协新年茶话会，习近平总书记在会上说，发扬为民服务孺子牛、创新发展拓荒牛、艰苦奋斗老黄牛的精神。以不怕苦、能吃苦的牛劲，为实现中华民族伟大复兴而努力拼搏。今年是中国共产党成立100周年，我们要用心用力发扬甘当革命孺子牛的精神，努力奉献。"

刘老师还说："这次我是第一次来到顺义参加活动，但我知道，顺义的文化活动一直做得非常好。我的在火箭军部队的大儿子王岩曾经为顺义创作很多快板等文艺节目，了解顺义的文化活动情况，希望你们继续创作出好作品。"

真佩服刘兰芳老师，每次记者采访，刘兰芳老师即兴讲话，都让在场的各位深受教育和鼓舞，也为这次活动增加了又一亮点。刘老师的讲话就是一篇事业前行的动员令，为顺义的文化事业发展提出建议和要求。清明诗朗诵会在艺术家和参与者的努力下，完美收官。

　　落日的余晖铺洒在返程的路上，向前，永远向前，是刘兰芳老师不懈的努力和追求！

2021年4月5日

77岁的少先队员

今年的六一国际儿童节，对于苏州甪直镇的叶圣陶实验小学来说，实在是个不平凡的节日。

由中国文联民间文艺家协会主办的"民间文化进校园"志愿服务活动，在儿童节来到了江苏甪直镇。刘兰芳应邀做志愿服务队的总领队，带领中国民间文艺家协会等有关领导和艺术家一行20多人，专程从首都北京走进了甪直镇叶圣陶实验小学，举行"民间文化进校园"志愿服务活动。

叶圣陶实验小学布置得花团锦簇，彩旗飘扬。刘兰芳老师一走进学校，印着中国民间文艺家协会"民间文化进校园"的旗帜在学校的四周迎风飘扬，庆祝儿童节的宣传画板展现在学校大门口的正中。刘兰芳老师看到这里的一切，仿佛又回到了少年时代，高兴地大声说："六一儿童节，过节了，今天我们也过节了！来，大家照个相！"说罢，美美地在宣传板前留影纪念。

叶圣陶实验小学的一位学生代表给刘兰芳老师系上了红领巾，刘兰芳兴奋地举右手回敬少先队队礼。我连忙用手机抢拍这张照片。你看，77岁的少先队员刘兰芳老师是多么精神抖擞、神采飞扬！

今天远道而来的艺术家同甪直镇叶圣陶实验小学等6所学校800多位师生

代表欢聚一堂，共度佳节。

"民间文化传承走与教育结合的道路"是中国民协多年来，顺应时代的发展需求，繁荣和振兴民族传统文化的重要决策。没有下一代的参与，我们的文化传承是不完整的，效率低下的。民间生活蕴含着民间文化，民间文化就是民间生活，经过多年的实践证明，民间文化进校园不但使学生多元化发展，也为中华民族传统文化的传承起到了很大的作用，取得了辉煌的成果。

随着中国民协"民间文化进校园"活动品牌效力的逐渐显现，全国各地、各个层面的学校都看到了"民间文化进校园"的重大意义，尤其是在教育领域的深化改革，传承优秀文化，树立文化自信方面，具有开创性意义。他们争先恐后地通过省市县文联、民协、组织、引导、展示自己各具特色的民间文化，希望得到中国民间文艺家协会的认可，成为全国民间文化的示范学校。

今天，作为民间文化进校园活动的保留项目之一，"民间文化教育示范学校"的第二轮评审也如期举行。甪直镇三个学校的代表分别就自己学校开展的民间文化特长做了审报，得到与会专家的肯定和好评。

因此，把民间文化教育常态化、固定化，把民间文化与日常的教学目标结合起来，探索适合本地实际情况的文化传承之路、发展之路，成为今后民间文化进校园不断探索和追求的方向。

这次江苏省内的第一次"民间文化进校园"活动，落地在苏州市吴中区甪直镇。三所初选入围的小学，弘扬甪直镇的优秀民间文化，将昆曲、唐手拳、打连厢等融入日常教学过程，成绩斐然。热爱家园、热爱传统文化、热爱伟大祖国，从热爱本民族的优秀传统文化，尤其是本地的民间文化开始，这个做法十分新颖，是一条值得大力推广的新路径。

除了当评委，做点评，刘兰芳老师情绪饱满地参加了中国民协为庆祝中国共产党成立100周年策划的"传承红色基因，争做时代新人——庆祝建党100周年六一儿童节优秀节目视频征集"活动的启动仪式，这是中国民协为这次活动的特色设计，也是从少年儿童角度庆祝中国共产党百岁华诞的独家创意。随后的文艺展演环节，甪直镇的少年学生和远道而来的艺术家们一起联袂演出。

从少儿角度表达对中国共产党的感恩之情，成为节目编排的重点。开场曲用了改编的《把一切献给党》，结尾曲则是《红领巾歌唱共产党》，11个精彩节目有快板、歌舞、合唱等，节目都属于红色文艺。其他的民间文艺形式，评书、魔术、山东快书、双簧、相声、武术等，都是思想内涵与艺术水平俱佳的优秀节目。主持人是青年相声演员甄齐，他在主持词中即兴赋诗一首："从六一到七一，红星闪闪映党旗。红色文化代代传，千秋万代志不移。"

演出活动结束后，在接受苏州电视台记者采访时，刘兰芳老师动情地说："苏州是曲艺大省，这次中国民间文艺家协会在苏州甪直举办的'民间文化进校园'活动非常好！叶圣陶小学的主打民间文化是昆曲。昆曲在我国有

300多年的历史了，国粹京剧也是从昆曲那儿发源来的，这是美的艺术享受。现在培养孩子学昆曲，应该传承。'唐手拳'则是培养孩子们另一个品格，那就是阳刚之气、男子汉性格。我们的流行文化当中，阴柔的太多了。如果'民间文化进校园'活动能够把传统武术当作重大选项，真是功德无量。中国民间文艺家协会做得非常好！给大大的赞！

"只有民族的才是自己的。中华民族的东西是国宝，国家提倡落实习近平总书记的文艺方向，建设文化强国。今年是建党100周年，是落实'十四五'规划的开局之年。一切从娃娃抓起，从民间文化抓起，非常好。中国的民族文化一定会传承下去，祖国大有希望！"

满满的正能量，满满的民间文化传承和展示，在这个不寻常的六一儿童节，77岁的少先队员刘兰芳潇洒地走了一回……

2021年6月3日

感恩陶老

从鞍山市曲艺团一名普通演员,成为中国文联、中国曲协领导,成为全国家喻户晓的著名评书表演艺术家,刘兰芳老师几十年怀着感恩情怀:"我要感恩!"感恩党、感恩国家、感恩时代、感恩观众、感恩家人,更要感恩严师慈父——培养她成长的陶钝先生。

2021年10月23日,纪念陶钝同志诞辰120周年座谈会在山东诸城召开。

陶钝,1901年10月29日生于山东省诸城市,1931年加入中国共产党,先后在山东省曲协、山东省文联、中国文联、中国曲协等单位担任领导工作,曾任山东省文联副主席、中国文联副主席、中国曲协主席。

陶钝是我国著名的革命文艺家、曲艺作家和文艺活动家,从参加革命到1996年去世,为文艺事业奋斗了一生。他坚定信仰、心系群众、开拓创新、坚守理想,为党和中国曲艺事业做出艰辛努力和卓越贡献。

座谈会场的背景是陶老先生的巨幅照片,陶老慈祥地望着在座的每一个人。

中国曲协、山东省文联有关领导及评书表演艺术家刘兰芳等有关人员参加了会议。陶老亲属也专程从北京、山东等地来到诸城会场。

到会嘉宾先后发言,缅怀陶老、诉说陶老在世时曾为曲艺事业的付出与贡献。

刘兰芳发言，只见她从座位上站起来，缓缓走到陶老的照片前，深深地鞠一躬。我眼泪瞬间就流下来，我知道，陶老曾对刘兰芳培养和付出，刘兰芳对陶老的感情很深，怀念、感恩倾泻在此时……

刘兰芳发言中几次哽咽，说不出话来："对于全社会来说，陶钝同志是著名文艺理论家、社会活动家、曲艺界德高望重的好领导。对于我来说，他既是我的领导，更是我人生道路、艺术道路上的领路人。可以说，没有陶老对我十年如一日的关注、培养、扶持，就没有我刘兰芳的今天。我一生都忘不了陶老！感恩陶老！

"我最早和陶老接触，是在1963年。那年，我是鞍山曲艺团的演员，在辽宁省新书好书座谈会上，陶老听了我演唱的东北大鼓《姑嫂救亲人》。再一次被陶老所关注，是我播讲了评书《岳飞传》，有了比较高的知名度，陶老知道后，把我调到北京进行汇报演出，还专门为我组织了座谈会。那年，我去北京时，陶老已经80岁了，可还在北京工人文化宫接见了我。为了更好地指导我，他还经常让我到他家去。当时去他家的青年演员很多，家里的住房条件很差，只不过是三间低矮破旧的平房。但是他丝毫不考虑物质享受，一心扑在文艺事业上，就在很简陋的房子里，对他发现的好苗子，面对面地进行

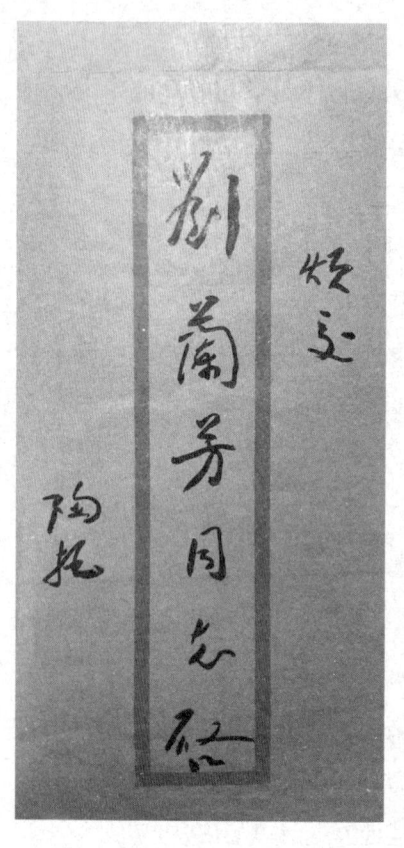

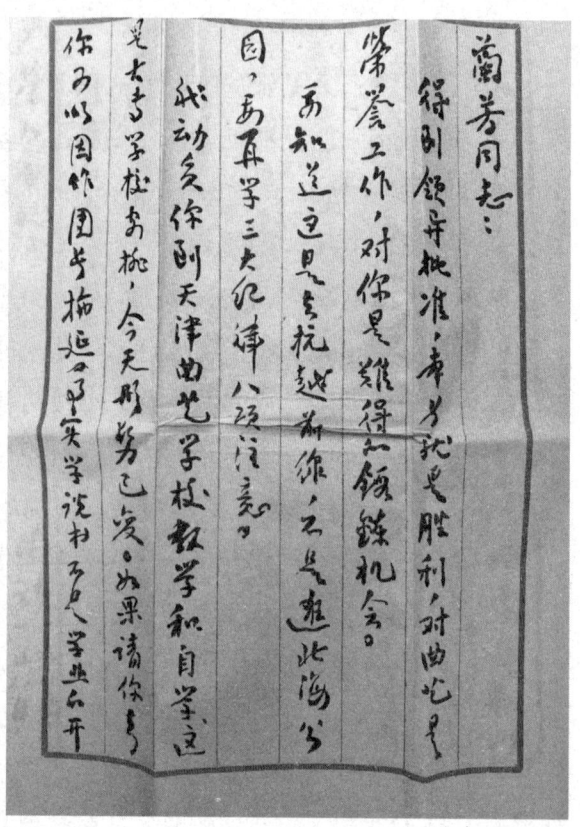

指导。陶老的当面指导，也经常是不留情面的。他会很坚决很严厉地指出作品里的不足。但我和同行们都知道，陶老是为了我们好，是希望我们能够及时改正不足，在思想上艺术上不断提高。除了当面指导，他每次希望我在哪些地方提高、希望我创作哪些作品，还经常写信告诉我。在10多年的时间里，他给我写过26封信。这些信是他留给我的宝贵财富，我一直精心保留着。在多年的艺术道路上，每次遇到了困难，我经常会把这些信拿出来，重新翻阅，总是能从里面获得丰富的力量。

"在具体作品上，他对我的帮助就更大了。当年他希望把陈毅元帅的故事变成评书，给我写了一副对联，'岳飞爱国陈毅忠党，说好两传此生不罔'。于是，我下定决心要说一部《陈毅传》。这部书的原著叫《挺进苏北》，我第一次是用普通话说的。大伙儿说不像陈毅，我又改成用南方话说，但北方人又听不懂了，只好重新录，直到第三遍才录完。这部作品也成了我最重要的代表作之一。"

……………

从北京出发前，得知陶老的亲属也同我们乘一趟高铁去诸城，刘老师主动接陶老的亲属到北京车站，从诸城回北京，刘老师又亲自把陶老亲属送到家。在高铁车上也关照他们的用餐等事宜，满满的感恩情怀，不以言表。我还抓紧机会同陶老的外孙女——北京大学物理系教授陈海英合影留念。

在从北京去诸城的车上，刘兰芳老师同我谈起了陶老对她的培养：陶老曾经让刘兰芳去北京大学读书，刘老师到北京大学校园里转了一圈，就出来了。因为刘老师说她当时是鞍山曲艺团演员，不但自己做不了主，还需要上班挣钱养家糊口；陶老告诉刘兰芳，你缺一课。要到前线去，要经历火与血考验，刘兰芳老师说她做到了，已经担任团长的她，带领鞍山曲艺团演员到老山前线演出，到最前沿的猫耳洞演出，经历了血与火的考验回来后，做了100多场报告，并创作了《姑娘万岁》获得好评。陶老还让刘兰芳读《资治通鉴》，很厚的一本书。刘老师说她没有做到，没有读。我说："你就说你读了《资治通鉴》，别人也不知道。"刘老师说："我没有读就是没有读，实事求是！如果我读了这本书，境界会更高几个层次。"

刘兰芳在会上说："陶老对我的关怀，几天几夜都说不完，今天所说的，只是其中很小一部分。如今，陶老已经故去25年了，我仍然一直在怀念他。我知道，纪念他最好的方式，就是沿着他指出的方向，不断创作出新的作品，不断地走进基层，不断地为人民演出。"

在纪念会上，参加会议的河北作家周喜俊也发言说，她原是农村一个普通的喜欢写作的女青年，在陶老的关注、培养下成为石家庄市的知名作家、文联主席、名誉主席。陶

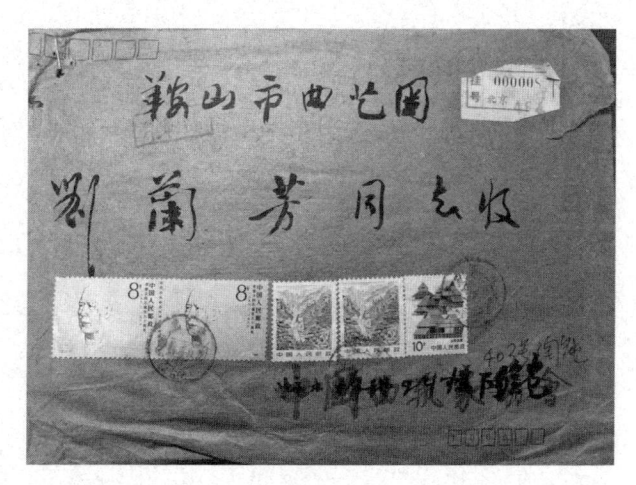

老就是这样发现好苗子，用心培养。

陶老的一生是革命的一生、战斗的一生，是为党的文艺事业辛勤耕耘的一生，也是为人民服务的一生。他平易近人、品质优异、道德高尚、学识渊博、著作丰厚，永远是我们学习的榜样。

"克勤克俭，侧身四化添砖瓦""亦狂亦狷，誓志一生做马牛"。

今天我们纪念、追思陶老为党和全国曲艺事业奋斗不息的光辉一生和高尚品格，就是要继承和发扬老一辈革命文艺工作者的崇高风范，把新时代中国曲艺事业推向前进，为实现中华民族伟大复兴的"中国梦"做出新的更大贡献。

当晚，"牡丹花开心向党"——纪念陶钝同志诞辰120周年暨中国曲协"送欢笑到基层"走进山东诸城演出精彩上演。刘兰芳等曲艺名家新秀为陶钝的家乡人民献上了丰盛的文艺大餐。

2021年10月

呕心沥血培养学生

为了传承和弘扬中华优秀传统文化，丰富人民群众精神文化生活，展示曲艺传承发展成果，推出优秀曲艺传承人及优秀作品，充分发挥曲艺在文化建设中的积极作用，辽宁省委宣传部、省文化和旅游厅共同主办的辽宁省第十一届艺术节"非遗"曲艺周，于11月6日至10日在沈阳举行。

这次辽宁"非遗"曲艺周的整体活动除开幕式演出外，还有评书、东北大鼓、东北二人转三个专场的演出。这样分门别类地集中展演，对鼓励非遗代表性传承人的创作积极性，推动曲艺非物质文化遗产传承和发展，起到非常好的作用，不断创作出体现时代精神、满足人民群众精神文化需求的当代曲艺作品。

接到参加开幕式的演出邀请，刘老师表示不管多忙也要回家乡参加演出。在开幕式演出开场白时，刘兰芳满怀激情地说："回到家乡备感亲切。我永远不会忘记，我的传承人是由辽宁省给我申请上报的。在外时刻想着家乡，想着家乡的父老乡亲，想着家乡的高粱米、玉米面、酸菜炖粉条……"刘老师真诚的接地气的话感动了家乡的父老乡亲，和台下观众引起了共鸣。接着，国家级非遗代表性传承人刘兰芳为辽宁观众表演了评书《岳飞传》中《收复河山》片段。

演出在当天晚上9点多钟结束了，辛苦了一天多的刘兰芳老师并没有休息，而是把她的学生集中在酒店自己的房间里，进行教学。

刘兰芳老师首先让每个学生表演一段并示范教学，亲切地为学生指出不足和肯定好的地方，精细到从一个眼神到形体表演，甚至在服装道具上，都详细研究、认真指教，使得在座的学生受益匪浅。我在旁边看得非常羡慕，作为刘兰芳的学生，这样得到恩师的认真指点，太幸福了。

刘老师常说，学生不但要在业务上不断提高自己，更要做德艺双馨的文艺工作者，她非常希望自己的学生在各个方面能有进步，成为曲艺界的新星，成为合格的曲艺传承人。

夜深了，已经临近12点了，第二天我们还要乘早晨的航班返京。刘兰芳老师滔滔不绝地讲解，一点没有疲惫和停下来的意思，我在她身后，用手势向她的学生示意，该结束了。刘老师可能看出我们窃窃私语的意思，说，那今天就到这吧。结果话音刚落，她的一个学生连忙说："刘老师，我有个学生专程从外地来，想见见您，在门外等候很长时间了，想得到刘老师的指点。"这样，只好把这个学生让进房间。

原来是个年纪还小的学生，但已经同他的师傅学习20个课时的三弦了。

刘老师让他弹了一下，觉得还不错。刘老师说，现在弹三弦的人非常少，非常需要这样的人才，要坚持学下去。刘兰芳老师讲起艺术，就忘掉一切，我看讲起来又没有结束的意思，不得不对学生说，刘老师明天需要早起，赶头班飞机，今天就到这儿吧。这样才恋恋不舍离去。刘老师终于可以喘口气了。

这一天下来，刘老师乘飞机到沈阳，连续创作、演出、教授学生，夜不成眠，辛苦极了！可刘老师还在回味她的每位学生的长处和不足。还在琢磨她每位学生的特点和发展前景。这就是刘老师，为了培养她的学生不顾疲劳，忘记了休息，孜孜不倦！

这次回家乡辽宁，参加"非遗"曲艺演出等各项活动，刘兰芳倾情付出，其中教授学生也成为最大的亮点。

2021年11月

参加鞍山春晚

春节前，刘兰芳老师接到鞍山市政府的邀请，参加鞍山2022年春晚演出。从鞍山调到北京的25年中，刘兰芳每次回家乡鞍山参加活动，最大的一点就是忙和累！

从接到邀请，刘兰芳就开始忙起来。第一忙：准备春晚节目。

实际参加今年的鞍山春节晚会演出，对刘兰芳来说是非常轻松的事情，春晚导演组邀请刘兰芳表演评书贯口《祝您幸福康宁》。这个节目，对刘兰芳来说，不费吹灰之力，经常演出，太熟悉了。可是刘兰芳开始忙了，开始累了，是刘老师自找的忙和累！

她首先想到了在鞍山的几个徒弟，想到了鞍山东北大鼓的传承和发展，刘兰芳便同导演组商量决定，除了自己表演评书贯口，还要和她的学生一起演唱东北大鼓《我的家乡在鞍山》。这是特地为她的学生参加演出而请人创作的一个新节目。这就需要把作品发给学生，需要请人配乐谱曲，需要请乐队伴奏，需要集合排练等等，尤其是演员都不居住在一个城市，协调、排练、管理等很多事情都需要刘兰芳自己张罗，还要准备自己参加内蒙古电视台演唱的新节目，还要背唱词。这其中的累和忙、操心、费神可想而知了！

其间刘兰芳因为参加内蒙古演出而拒绝了中国文联的百花迎春演出，可

中国文联又向刘兰芳发出邀请，不参加演出，但百花迎春现场录制时，请刘兰芳到场。为了参加鞍山春节晚会的演出，刘兰芳又一次拒绝了中国文联的邀请。

春节前各种活动比较多，也是比较繁忙的。刘兰芳参加内蒙古的春晚，需要请人教唱歌曲《少年》，不但要学会还要背下来。这首流行歌曲有一定的难度，很费时间和精力，又要背新写的东北大鼓的唱词，给自己增加了多么大的难度哇！我看见刘兰芳老师抓紧一切时间练唱、背词，替她着急，因为太累了！我这时才理解刘老师为什么不参加中国文联的演出了，应为要演唱的歌曲很长，还需要背歌词，时间有限，精力有限，真的背不过来了。77周岁的年龄，时刻在背词，心疼刘老师。

鞍山春节晚会参演人员很早就聚集起来了。我同刘老师从内蒙古回来的第二天一早乘高铁赶到鞍山时，参加演出的学生们也已经到了节目组。刘老师到宾馆稍微休息一下，立刻投入东北大鼓的紧张排练，晚上就进录音棚录音，没有一点空闲时间，第二天开始现场演出，录制节目。

第一次同这些学生在一起演出，演员之间还有许多需要磨合适应的地方，有的曲调唱得不准，有的演唱情绪不够，有的与乐队合不上拍子，真的不容易。我这时也客串了召集人，组织他们在餐厅、在会议室、在走廊等地抓紧时间排练。刘老师说，为了这些学生的成长，能有机会把他们推一推，

就推一推；另外，也使鞍山东北大鼓的发展传承引起重视。为这，刘老师真是费尽了心血，着急得血压都升高了。我当时就想，作为刘兰芳的学生真幸福，有这样的老师在关怀，在帮助，在费心费力去培养，多难得呀，要不是年龄原因，我也申请当刘兰芳的学生！

最后，在刘老师的带动下，这个节目终于完成了现场的录制，春节期间展现给鞍山观众，刘兰芳的评书和东北大鼓同时亮相在鞍山春节晚会上，使得鞍山观众大饱眼福，又一次享受到精美的文艺大餐。

特别重情意的刘兰芳，每次回鞍山，还有一个累和忙，就是买礼品、送礼品。

生活工作在鞍山37年，刘兰芳深深眷恋着鞍山的家乡人，是在鞍山播录的评书《岳飞传》走出了鞍山，使她成为全国人民家喻户晓的名人，成为中国文联、中国曲协的领导，成为全国人大代表、政协委员，多次受到党和国家领导人的接见等等。刘老师不忘怀这些，感恩是她心中的情结。因此每次回鞍山，刘老师都尽可能给家乡人带礼品，老领导、老同事、老朋友，有的老领导不在了还惦念着他们的下一代，惦记着她的学生……因此每次回鞍山之前，带什么礼品，买什么礼品，自然是很累人、累心的事情了。而且每次回来，多带行李物品是肯定的了。

这次回鞍山我都不用问，就给铁路打了服务热线，请他们届时帮助接站送站。没想到这次在出发前的一次活动中，刘老师的司机告诉我，已经往鞍山邮寄了两个大箱子。一箱子是50本《岳飞传》书，另一个箱子装的是正山堂茶叶和从俄罗斯特地邮购的夹心巧克力。

这些还远远不够，头一天，我们在内蒙古，刘兰芳老师在录制春晚节目期间还挤出时间，到银饰品商店，专程给她的学生买了镶嵌玉石的银手镯。每只手镯将近1000元，6个学生，每人一只！

粗略算一下，每次回鞍山，刘兰芳老师送出去的礼品费用都在三四万元。我记得曾经一次回鞍山，刘老师惦记有位老同志得病了，派人把他的儿子叫来，送钱给他，再加上给几个孙子辈的红包等，几万元就出手了。用句老话说，刘兰芳老师回鞍山就是赔本的买卖。当然这只是我的看法了，刘老师的博大情怀让人佩服！

这次回鞍山，鞍山市委宣传部等单位联合召开了"刘兰芳先生艺术成就研讨会"。会上几位曾经同刘兰芳一起工作过的老领导、老同事从各个方面，研讨刘兰芳老师的艺术生涯和艺术魅力，让在座的各位受益匪浅。会上，刘

刘兰芳同参加演出的学生、琴师合影

兰芳还被聘任为鞍山市文联名誉主席。我是在鞍山文联退休的，刘兰芳老师又是我的领导了！

另外一件事情，让刘兰芳激动不已。鞍山广播电视局的领导把刘兰芳请回了广播电视局，参观了资料库。刘兰芳看见了当年自己录制的《岳飞传》《杨家将》等评书的原始胶带，看见了原来录音用的录音机，以及当时录播时的老照片，参观了录音室，其中一张老照片，穿蓝色上衣的是当年电台文艺部主任李喜元，照片中他在同刘兰芳谈稿子，就是他选中刘兰芳播讲长篇评书，播讲了《岳飞传》。刘老师不忘恩人，常常同我说起这件事。

在这里展示的每一份资料都勾起了刘老师的回忆，满满的亲情，沉甸甸的，激动难于言表。想当年就是在这里——鞍山广播电视台，播出的评书《岳飞传》，传播到全国和各地，传到千家万户。一部《岳飞传》改变了刘兰芳的命运，看到这些，刘老师久久不愿离去……

当年刘兰芳播讲的评书《岳飞传》创造出的辉煌在中国说书史上独一无二，无与伦比！如今，刘兰芳已经成为一面旗帜，在中国文艺界、曲艺界引领我们前行！

2022年初

跨界演唱歌曲《少年》

到呼和浩特参加内蒙古电视台2022年少儿春晚"中国娃向春天"演出,是很早就定下来的事。主办方内蒙古电视台担心刘兰芳忙,事情多,因此,早早把演出邀请函发过来,并确定了参加演出录制的时间是1月18日,节目内容是刘兰芳演唱歌曲——《少年》!

传统评书与少年歌曲,77周岁与儿童少年,这样的跨度太大了吧!这样的跨界也太惊人了!我不禁为刘老师捏一把汗。

当刘兰芳老师把她要演唱的那首《少年》歌曲发给我,不禁让我更担心了,歌曲非常好听,是当今最流行的、最火爆的,但演唱难度也是很大的,超乎想象。

这首歌曲节奏明了、欢快,曲调高低跳动很大,而且好多唱词都是后半拍起唱。刘兰芳说她已经花钱请老师到家里教学了两次,歌词还没有完全唱下来,只能唱出其中一句"只要记得你是你呀"……

我把歌曲翻抄在本子上,也想学会。这首歌曲让你青春萌动、活力四射,心情非常愉快。结果在北京去呼和浩特的车上,我用了4个多小时,随着歌曲录音都顺不下来,跟不上节奏,更谈不上唱了。没有听过此歌曲的,我建议你一定听听这首《少年》,养心。

刘兰芳老师抓紧时间准备参加内蒙古电视台的演出时，又收到了中国文联百花迎春春节晚会的演出邀请。导演组说，请几位德高望重的老艺术家合唱一首歌曲。刘老师当时答应了，说退休几年了，能在全国观众面前露露脸也很好，然后诙谐地调侃说："说明还活着……"可看演出时间，同内蒙古电视台的演出时间冲突了，刘老师微笑着拒绝了中国文联的演出。

我们知道中国文联的"百花迎春"是每一位艺术家和文艺工作者都想登上的舞台，它既是演员艺术水平的体现，也是一种荣誉的象征，因此都希望在这个舞台上演出。可是与内蒙古演出时间冲突了，那就舍掉中国文联这个大舞台亮相、表演。这就是德高望重的刘兰芳老师，是位非常守信用的人，答应的事情，一定按原计划执行。

我替刘老师遗憾，中国文联"百花迎春"是我的最爱，我是个喜欢热闹的人，2019年，刘兰芳参加"百花迎春"演出，我跟着走进人民大会堂，看见了全国各路明星、大腕，过足了瘾，还同著名歌唱家郭兰英照相合影，如果今年再能去一次"百花迎春"春晚，那我一生就足矣。不过，刘兰芳不去，当然我也去不成了。

1月18日，是刘兰芳现场录制时间。我们早早来到内蒙古电视台做演出前的准备。各地来的演员一批批的，穿着五颜六色的服装，也在准备。叽叽

喳喳、嬉笑跑动，候场的地方热闹非凡，彰显着生命的活力。

　　2022年内蒙古广播电视台少儿春节联欢晚会以《中国娃向春天》为总主题。充分利用舞美、灯光、LED大屏设计，无论是演员、导演、节目都有更多的突破和创新，一场欢快的盛宴呈现在舞台上，最大限度地利用舞台空间，通过多种手段来体现节目效果的多样性，呼应了晚会主题《中国娃向春天》，表达出各族少年儿童在党的阳光照耀下和祖国妈妈的温暖怀抱中茁壮成长的理念。

　　当我们一走进1400平方米的大厅，红红火火的背景板，在各种灯光的照映下，绚丽夺目。春节的喜庆立刻感染你，精彩的少儿节目让你感到生命的年轻和心情的愉悦。

　　刘兰芳上场了，她与另外两位蒙古族歌唱家共同演唱这首《少年》，不但要边走上场边唱，还要随着乐曲的韵律舞动着。后边站着的几排伴唱的，也随着歌曲韵律左右摇摆着，放飞心情，放飞自我。刘兰芳也很自然地随着歌曲的节奏踏着脚步融入歌曲的韵律中。刘兰芳曾经身居领导，评书表演艺术家，从来没有这样的表演，感到人都年轻了，惊人的跨界演唱！出奇地好！

　　跟随刘兰芳老师这么多年，参加过各种演出，无论参演什么节目，说评书，演唱东北大鼓，反串演唱京剧胡传魁、李勇奇，诗朗诵，加上这次演唱歌曲《少年》等等，都是高水平完成！刘兰芳不愧为大艺术家！

  内蒙古曲艺家协会也借机请刘兰芳表演录制了评书《康熙买马》。

  刘兰芳跨界演唱完美！刘兰芳内蒙古之行圆满！

2022年2月

小女出征胆气豪

"虎年迎春送吉祥，北京冬奥凯歌扬，体育健儿创佳绩，祝您身体更健康！"

正月初十，在北京电视台录制中心北京冬奥节目《一起向未来》直播现场，迎来了一位特殊嘉宾，这就是全国著名评书表演艺术家刘兰芳。

晚上9点，直播节目开始。经过一系列准备后，刘兰芳神采奕奕地站在舞台上，手拿醒木，开始用评书讲述冬奥运动员徐梦桃的故事……

"1990年夏天的一个上午，在辽宁鞍山一个普通的民房里，传出一阵女婴呱呱落地的哭声……"

这个女婴，就是如今在自由式滑雪空中技巧运动项目中世界排名第一的徐梦桃，是刘兰芳亲妹妹的女儿的孩子，刘兰芳是徐梦桃的亲姨姥姥，徐梦桃的名字也是刘兰芳给起的呢。

刘兰芳讲述说，徐梦桃从4岁起就开始练体操，她的爸爸非常喜爱运动，无意中发现自己女儿身体柔韧性很好，就把女儿送到鞍山体校体操班，并对徐梦桃进行体能训练。每天骑着自行车，让徐梦桃跟在后面跑。邻居看见了，责怪徐梦桃的父亲，怎么这样不心疼孩子呢？徐梦桃的爸爸解释说，这是在锻炼、培养她。徐梦桃7岁时，又被爸爸送到外地体操队，学练体操，

从此走上了辛苦的寻梦之路。

徐梦桃先后到沈阳、辽宁等体操队，小小年纪，却从来不叫苦怕累，12岁时就在辽宁省九运会上一个人获得了跳马、平衡木、自由操等项目三金两银一铜的好成绩。

我想，是不是家族基因的遗传，徐梦桃有着同刘兰芳老师一样钻研刻苦、努力奋斗、积极向上的韧劲。

徐梦桃13岁时，考进了沈阳体育学院，改学滑雪，开始了自由式滑雪空中技巧训练。

短短几年的训练，2005年，15岁的徐梦桃就收获了自己第一枚全国冠军赛金牌；2007年收获了个人首个世界新人奖杯和中国第一个世青赛冠军；2009年在莫斯科夺得第一个自由滑雪空中技巧世界杯冠军；2013年，获得这个项目挪威世锦赛冠军……2009年到2022年1月6日，世界杯自由式滑雪空中技巧赛加拿大勒瑞雪站比赛中，徐梦桃获得自己第27个世界杯个人项目冠军，加上团体项目7枚金牌，共获得34块世界杯金牌，并且也是这个项目世界最高得分纪录保持者（116.9分）。

在直播现场，徐梦桃的队医也来了，他讲述徐梦桃如何顽强战胜病痛的经历，展示了从徐梦桃腿上手术拿下来的钢钉，并介绍说，需要一年时间恢复的伤痛，徐梦桃半年就开始忍痛参加训练了。徐梦桃在困境中挺过来了，坚持下来了……

刘兰芳老师说，为了这次"评书说北京冬奥"节目，在家看了几场北京冬奥会比赛，太紧张了，心脏都要受不了了。

在北京电视台，刘兰芳同电视台的记者编辑一起观看了徐梦桃参加比赛的全过程。大赛开始前，记者采访刘兰芳此刻是什么心情。刘老师发自内心地说："徐梦桃参加的自由滑雪空中技巧是个风险极高的体育项目，我希望她取得比赛好成绩，但更希望她参赛平安，平安就好！"

当徐梦桃在混合团体自由滑雪空中技巧中圆满完成比赛，刘兰芳悬着的一颗心终于落地了。尽管是亚军，与金牌错失交臂，有点遗憾，但也是非常不容易的了。我们都向刘老师表示祝贺。

在直播现场，还视频连线了徐梦桃的父母，记者问徐梦桃的父亲，徐梦桃最大的优点是什么？——"孝顺！"徐梦桃的父亲果断、干脆地说。

刘兰芳老师常说，徐梦桃家境贫寒，徐梦桃当冠军回到家，立刻到父亲的烧烤店帮忙。如今条件好了，给父母改善了生活，徐梦桃几乎每天都给她

妈妈转钱，指导妈妈理财，与妈妈视频，问寒问暖。

今年春节前，鞍山市2022年春节晚会导演组邀请刘兰芳回家乡演出录制春晚节目，利用空闲时间，刘兰芳老师邀请在鞍山的亲属聚餐，徐梦桃的爸爸、妈妈和舅舅等亲属都来了。他们都穿着带有国徽的国家运动员棉服，我看见了非常兴奋，世界冠军的爸爸、妈妈，难得一见，我不能错过这个机会，连忙同徐梦桃的父母合影留念。

在鞍山期间，徐梦桃的妈妈几次来我们入住的胜利宾馆看望刘老师，还买了很多礼物。刘老师看到着急地说，你们买这些吃的我也带不走。徐梦桃妈妈说，那您就送给别人。接着又先后送给刘老师两件带有国徽的羽绒棉服，体现了浓浓的亲情。

刘兰芳回到鞍山，常有客人到宾馆来看望。这样徐梦桃的妈妈就在我的房间休息等候刘老师。我知道，徐梦桃的妈妈曾经与刘老师生活了7年，她熟悉刘老师的生活习惯，说刘老师喜欢吃她做的饭菜，我也多次听刘老师说小丽（徐梦桃的妈妈）做饭好吃。

徐梦桃的妈妈王凤丽也曾经多次陪同刘兰芳外出演出。尤其是全国道德模范巡讲，每年下基层演出，需要先后去9个省30多个城市演出30场。很多时候都是王凤丽陪同，当刘老师的助理。刘老师同我说，大家叫徐梦桃的妈妈为王老师、王老师的。她也不多言语，微笑作答。我也曾作为助理陪同刘

兰芳老师参加了第七届道德模范巡回演出，去了5个省15个城市完成15场演出，收获满满！

在北京电视台直播现场，记者还介绍了曾经采访徐梦桃，问她北京冬奥会结束后回家最想的事是什么。徐梦桃说，回家最想吃酸菜馅饺子。刘兰芳听后，在直播现场当即表示："外孙女回家，姨姥姥亲自给包酸菜馅饺子！"

在采访中刘兰芳还谈到徐梦桃的一个细节，就是在今天的自由滑雪空中技巧混合团体赛中一位男运动员失误了，影响了整个团队成绩，错失金牌。这位运动员很伤心，徐梦桃看见立即上前拥抱了这位队友，给予安慰。刘兰芳为徐梦桃的暖心而大大点赞！实际这块金牌对徐梦桃是非常重要的。

记者最后采访刘兰芳："你对徐梦桃有什么希望？"刘老师由衷地说："我希望徐梦桃今后要学习、学习、再学习。不断提高自己。"

现在徐梦桃已经在北京体育大学读博，将来在赛场外，可以投身体育教育工作，也能报效祖国。刘兰芳预祝徐梦桃在14号的个人比赛中夺得金牌！

最后，刘兰芳老师激情地总结说："小女出征胆气豪。为酬壮志冲目标。心系奥运站云顶，巾帼健儿徐梦桃！"

2022年2月10日（写在徐梦桃夺冠之前）

今夜无眠

"我是第一吗?!""我也破纪录了,也创造历史了!"徐梦桃夺得北京冬奥自由式滑雪女子空中技巧金牌时的疯狂呐喊,释放着20年来追梦道路上的苦涩与喜悦!世界杯、世锦赛、奥运会,徐梦桃终于在家门口实现了金牌大满贯!

赛后采访徐梦桃,她说:"就想喊出来,就是开心,就是激动,希望这一刻过得慢一点。在这梦想成真的时刻,希望把每一秒钟都细细品尝。"今夜无眠……

我们都知道,徐梦桃是著名评书演员刘兰芳的外孙女,在刘老师身边,经常听到刘兰芳老师讲述徐梦桃和她家里的事,也同她们家人一样,关心、关注徐梦桃的体育赛事。

2018年平昌冬奥会,刘兰芳老师早早告诉身边人徐梦桃参赛的具体时间。当时,徐梦桃是自由滑雪空中技巧这个项目世界最难动作保持者,也是这个项目最高分数的保持者,她这次参赛目标就是向金牌冲击。

在比赛的预定时间里,我们早早坐在电视机前,观看徐梦桃参赛。怀着期盼、紧张、担心等复杂心理,我们鸦雀无声,默默捏着一把汗。在决赛第一跳,徐梦桃得到了99.37高分,第二跳,徐梦桃又是一个高难动作,由于助

跑速度不够，结果落地太急摔倒了，痛失奖牌。我们都为她遗憾，当时徐梦桃已经28岁了，我想这回恐怕该选择退役了吧。

结果，过了不久，刘老师又说起徐梦桃，说她在接受手术治疗，在国内外训练，在国内外参赛，等等。今年春节前，刘兰芳到呼和浩特录制内蒙古电视台春节晚会，刘老师对我说，徐梦桃给她发信息，又获得世界比赛的金牌了。从内蒙古回来的第二天，到鞍山参加春晚节目录制，刘老师说，又收到徐梦桃获得金牌的消息，至此，徐梦桃已经获得世界杯比赛27块金牌，加上团体赛金牌共计获得32枚了。徐梦桃每次比赛获得金牌，参赛结果都在第一时间告诉姨姥姥刘兰芳，分享她的成功和喜悦。刘老师告诉我们，徐梦桃在是2月10日和14日参加北京冬奥会两个项目。

第一个比赛日，2月10日，北京电视台为了宣传，举办大型北京冬奥《一起向未来》现场直播节目，特邀请刘兰芳到电视台，用评书讲述北京冬奥——徐梦桃的故事。

直播录制之前，请刘兰芳在电视台观看自由式滑雪空中技巧混合团体比赛实况。第一个出场的就是徐梦桃，我当时拍下刘兰芳观看的照片，刘老师不自觉地双手合掌，看出刘兰芳的担忧和希望，企盼着外孙女比赛成功。刘老师对我说，这次比赛，成功与失败是徐梦桃今后生活的分水岭，是非常关键的一次参赛，不但要为祖国争光，也要为自己四届冬奥会16年的坚守得到完美的答卷。当看见徐梦桃完美地结束比赛高难动作的两次跳跃，刘兰芳一颗悬着的心终于落地了。

当中国队取得自由式滑雪空中技巧混合团体比赛的银牌时，我们都为中国健儿祝贺，为徐梦桃祝贺，也向刘兰芳祝贺。徐梦桃看到队友失误，错失金牌，主动上前拥抱这位队友，我们非常感动，夸赞徐梦桃给人以理解、温暖，并给徐梦桃大大的赞！实际痛失的这块金牌对徐梦桃太重要了。四届冬奥会，16年的坚守，就为了一个圆梦，夺得冬奥会金牌！

徐梦桃的姥姥是刘兰芳的亲妹妹，当初是刘老师把妹妹一家从辽阳带到鞍山。没有家底，徐梦桃家境贫寒，靠父亲烤肉串，支撑着家里生活和徐梦桃的训练。刘兰芳经常让徐梦桃的妈妈王凤丽住到她家，帮助做些家务，给些报酬，也解决点生活费用，一住就是7年。后来徐梦桃的妈妈王凤丽回到鞍山帮助老公卖烤串，但有时刘兰芳家里急需人手，打个电话，王凤丽立刻动身来到北京刘老师家帮忙。只要北京需要，王凤丽随叫随到，刘老师同徐梦桃一家相处得非常亲近。

这次回鞍山录制春晚节目，利用空闲时间，刘老师请在鞍山的亲属聚餐。徐梦桃的爸爸妈妈都应邀到场，当时说到徐梦桃参赛，梦桃的爸爸举起双手高喊："桃子必胜，桃子必胜！"这是大家的心声，我非常理解赛前大家的心理状态，太希望徐梦桃得冠军了，都在祝福徐梦桃。

刘老师说，徐梦桃非常孝顺，在外边比赛得到冠军，回到家里立刻到父母经营的烧烤店，当起服务员，没有一点冠军的架子和对父母烤肉串的嫌弃，反而心疼父母。如今条件好了，给父母买了房子，改善了居住的条件，烧烤店也出租给别人，不用那么辛苦了。徐梦桃尽心尽力孝敬父母，还给父母补照了婚纱照，想尽一切来感恩父母曾经的辛苦付出。

如今，冬奥会的金牌终于拿到手了，一次次挫折和伤痛没有击倒她。记者采访徐梦桃时她诙谐地调侃说："我再也不是'收银员'了。""我创造了历史，拿到自己的大满贯。""奋斗不息、追梦无悔！""对空中技巧的热爱，5岁就有成为奥运冠军的梦想，根深蒂固在我的血液中，通往梦想的背后是我亲爱的祖国,感谢对我的支持,对我的幸运!四届奥运会,16年的坚持,无论在哪里比赛,都希望国旗升起!"我们祝贺徐梦桃,今夜星光灿烂,今夜无眠!

2022年2月14日

刘兰芳的冬奥情结

2022年北京冬奥会期间，与体育不搭界的全国著名评书表演艺术家刘兰芳也火了。

我们都知道，刘兰芳已经功成名就，名气如雷贯耳。文艺终身成就奖、曲艺梅花奖等各种全国奖项全拿过；十五大党代表、三届全国政协委员全当过；全国劳动模范等国家级的各种荣誉全得过；每年的"五一""十一""新春团拜会"等国宴都被邀请出席过，真的，不需要炒作和宣传。可在冬奥会期间，多家媒体采访刘兰芳，还创作、参演评说冬奥会的节目。忙得不亦乐乎，着实火了一把。

原因就是，北京冬奥会自由式滑雪空中技巧金牌获得者徐梦桃，是刘兰芳亲妹妹的外孙女，徐梦桃是刘兰芳的亲外孙女，刘兰芳是徐梦桃的亲姨姥姥！

北京冬奥会在中国举办，引起全世界的关注，这在我国也是重大的体育赛事。各大媒体为了宣传北京冬奥，都拼足了劲，成立专门的新闻报道组，各显其能，以最快的速度、最新的内容、最广的形式来报道冬奥会的盛况。

北京电视台策划了大型现场直播专题节目《一起向未来》，在冬奥会期间，请来与冬奥会有关的各路嘉宾，参与节目的直播录制，献给观众。

徐梦桃是我国著名自由式滑雪空中技巧运动员，是这个项目世界最难动作和最高分数的保持者，在这届北京冬奥会上参加团体赛和个人赛两项比赛，向金牌冲击。

北京电视台了解到奥运冠军徐梦桃和刘兰芳的关系，在2月10日徐梦桃参加团体赛的日子，请来特别嘉宾刘兰芳，进行赛前、赛后采访；赛后电视直播刘兰芳连线徐梦桃的父母；邀请刘兰芳评书说北京冬奥会讲述徐梦桃的故事，并且在北京电视台一起观看徐梦桃参加的自由式滑雪空中技巧混合团体赛的比赛实况。刘兰芳午后3点从家里出发，参加完这期节目的直播、录制等活动，晚上到家已经12点了。

北京电视台大型现场直播冬奥会《一起向未来》这期节目做得有声有色，非常生动感人，刘兰芳成为这期节目的最大看点。

说起与这届冬奥会的缘分，2018年，刘兰芳参加中国文联文艺志愿者到河北张家口的演出，就来到了崇礼，也就是徐梦桃参赛的赛场，对当时参加建设的建设者进行慰问演出。那时，常看见刘兰芳老师身穿带有国徽的运动服，说是世界冠军的外孙女给的，让别人非常羡慕。4年后的北京冬奥会，自己的外孙女徐梦桃在她曾经慰问过的赛场参加比赛，并且圆了自己16年的冬奥金牌梦！

在2014年，中央电视台的一个专题组，策划拍摄鞍山，宣传鞍山，其中就有宣传徐梦桃，当时是我陪同央视记者到鞍山采访徐梦桃的父亲，来到徐梦桃父亲的烧烤店，墙上贴满了徐梦桃参加比赛的照片。那时，徐梦桃的父亲很瘦，介绍徐梦桃艰苦训练的事情，也介绍了他开这个烧烤店来支持徐梦桃圆金牌梦的艰辛。

冬奥会结束后，徐梦桃的名字在全世界叫响，得知徐梦桃的艰辛，让全国人民心中感动，发自肺腑祝贺徐梦桃的成功。

北京冬奥会使得我们国家国力国威大大提升，为此，北京市文联、北京市音乐家协会又联合举办了一起向未来·冬奥歌曲音乐会，邀请艺术家唱响冬奥。刘兰芳老师被邀请到会，评书说奥运，讲徐梦桃的故事。

如今，冬奥会已经结束，徐梦桃的梦想还在继续，一起向未来，刘兰芳的运动情结常青！永不衰败！

2022年3月

新疆行，新疆情

三天之内，往返飞行一万多千米，为的是去新疆喀什观看一场演出，这在刘兰芳的艺术活动中恐怕是第一次。

出行实施很快，21日上午10点，我同刘兰芳老师已经在北京大兴机场会合了，同行的还有中国舞蹈家协会主席冯双白、中国歌剧舞剧院副院长徐丽桥、中国文化杂志社社长王保胜等，都是响当当的大艺术家和文化名人。

由于当前全国都处于疫情防控期间，在机场办理登机手续，两段路程的各种检验码、行程码等总共加起来竟有8个，等各种码的截图完成，距离登机只剩下20分钟的时间了。

从北京飞往乌鲁木齐很顺利，而在转机飞往喀什麻烦就来了，先是原定的航班取消，转到另一个航班又被告知延误，等我们到达喀什，安排好一切，已经是深夜1点多了。

喀什是新疆唯一的国家历史文化名城，集中了维吾尔族的风情、文化艺术和建筑风格。在这里，维吾尔族人占当地人口的92.56%，塔吉克族占当地人口不到1%，男女老少都长得非常漂亮。在喀什，维吾尔族的民族风情体会得非常深刻。

喀什的日照时间长，由于时差，已经早晨7点多了，天还没有亮。因此在这里，我们的早餐定10点，午餐14点，晚餐则是20点了。吃完早餐，新疆地区文联等有关领导陪同游览喀什最著名的景点喀什古城。我们是乘坐旅游观光车游览，古城沿街都是卖民族风格的特产的摊位，还有民宿、画廊等等。

我们先来到一家维吾尔族民宿，非常宽敞的院落和民族风格的房屋令人眼前一亮。主人非常好客，不但准备了小吃食品，还弹奏起维吾尔族舞曲，邀请客人跳舞。中国舞蹈家协会的冯主席、中国歌剧舞剧院徐院长禁不住起身，与主人共舞，欢乐的气氛感染了在场的每一个人。刘兰芳老师也兴奋地击掌配合。临走时，刘老师发现摆在架子上的木筐，标价180元，刘老师立刻对我说，马上拿200元，买一个。然后还与主人一起拍照留念。

在古城继续前行，来到一个铁器博物馆。第一次看见铁器博物馆，展示各种铁器制品。还有师傅现场打铁制造，刘老师兴奋得仔细观看展品，并走到打铁工人前，也拿起重重的铁锤，和工人你一下我一下地轮流砸在通红的铁件上，实实在在地体会了一下。

来到古城的工艺品店，刘老师被各种小挂件和艺术品吸引，这是刘老师喜欢的，便开始了不停购物。菩提子挂件、菩提手串等，先后买了几样。我

知道，刘兰芳老师买这些是为了促进当地消费。刘老师就是这样，心里总想着别人！

在另一家民宿更证明了这点，不太宽敞的地方摆了桌椅，放着葡萄干、瓜子等小吃，乐曲响起，维吾尔族舞蹈的欢快节奏再次响起，让你情不自禁跃跃欲试。一位68岁的维吾尔族老人陶醉在自己的舞蹈里，冯主席、徐院长翩翩起舞，在大家的鼓动下，从没有跳过舞的刘兰芳老师也起身放飞心情。

刘老师一直忙于曲艺事业，创作、演出，时间非常紧张，也非常珍惜时间，据我所知，这是刘老师第一次跳舞，真是艺术家呀，舞姿和韵味十足，节奏感超好，洋溢着开心快乐。当我们结束这里的一切，准备走时，只听刘老师说："邵秋实拿钱来，白给你们伴奏了？"我忙从刘老师的钱包拿钱，付给房客主人。

在古城游览充实而快乐。已经连续两天凌晨三四点睡觉的刘老师，谢绝了午后的安排，为了晚上看演出精力十足。

由深圳市对口支援新疆工作前方指挥部、中共喀什地委宣传部主办，西演文化产业集团承办的大型音乐剧《拉齐尼·巴依卡》于当晚9点在喀什大学礼堂开演。来自北京等地的专家及新疆维吾尔自治区的有关领导观看了演出。这部音乐剧是根据全国道德模范拉齐尼·巴依卡的真实事迹创作的。为

了抢救落水儿童,拉齐尼·巴依卡,生命定格在41岁。

时代楷模拉齐尼·巴依卡在千里边防线上,义务巡逻当向导几十年,用执着坚守着赤子忠诚,用自己的生命救起别人的生命,他把最深的爱,最执着的情,永远留在了喀什这块令他眷恋的土地上。感人的事迹,精彩的表演,让嘉宾们赞叹不已。尽管已经深夜12点多了,嘉宾们坐在一起评论音乐剧《拉齐尼·巴依卡》。大家对此剧大加赞赏,纷纷发表自己的观感。

刘兰芳情不自禁地说:"这个音乐剧好!剧情刚开始像电影蒙太奇的手法,英雄在冰窟窿里,表现牺牲的瞬间,是个悲剧。但没有表现悲悲切切,而是少年时代山花烂漫、莺飞蝶舞,欢笑伴着英雄成长;青年时代猎猎军旗下,锤炼磨砺中前行;成人时期接过父辈手中的责任,边防线上,用足迹丈量着祖国土地……巡边几十年,兢兢业业;最后为了营救少数民族兄弟,牺牲了自己的生命。让人感到叹息,英雄事迹很了不起,这是共和国的脊梁,值得我们学习。

"全国道德模范巡讲我参加了七届,道德模范故事能表现成这样,我第一次看到,音乐剧的整个音乐创作、舞美的创意及舞蹈的表现都很精彩,演员阵容很强大,少数民族能歌能舞的特色表现得淋漓尽致。这个剧非常成功、感人,一定能在全国打出去!表示祝贺!并向剧组人员表示感谢,向创作团队表示感谢,为我们奉献了这样一台高水准的音乐剧,对提高民族精神,宣传正能量起到推动作用。"

刘兰芳老师赞不绝口地评论这部音乐剧,其他嘉宾也争先恐后地从各个方面对这部音乐剧大加赞赏,也有提出更加完美的建议,深夜两点多了,大家还不肯离去。

这次出行,没有刘老师自己的演出任务,看似轻松,但时时有责任担当的刘兰芳却对自己提高要求,主动抓紧时间在就餐时几次为在座的表演评书,就连在机场候机的空隙也同嘉宾一起交流东北大鼓的唱段。

连续三天的行程,踩着时间奔波,几乎没有怎么休息,但是刘兰芳老师感到这次喀什之行,非常值得!不但有放飞心情的欢快,有欣赏音乐剧的震撼,也有对文艺事业发展的建议和意见,收获满满!不虚此行!

2022年4月

刘兰芳与《新斗罗大陆》

不断学习、不断创新，是著名评书表演艺术家刘兰芳一生的追求。用评书讲历史、讲党史、讲全国道德模范故事、讲中华好人颂、讲中国母亲风采、讲"两会"精神等等，为传承中国曲艺事业做出突出的贡献。可你知道吗？近日，已到耄耋之年的刘兰芳大师，用评书演绎《新斗罗大陆》，闯入网游领域，实属需要胆气、魄力、影响力！

"天赋巴蜀美山川，斗罗大陆起狼烟，鬼见愁崖风云变，书主名字叫唐三。观众朋友们好，我是评书演员刘兰芳。今天给大家说的这段故事可不是传统袍带短打，也不是新派经典小说，而是当代我们年轻人最最喜欢的玄幻穿越故事，叫《新斗罗大陆》，那是又酷又炫，好听好看……"

评书是几代人的记忆，几代人的传承，为了年轻一代对国家级非物质文化遗产评书保有喜爱、传承的热情，培养一大批追随者，刘兰芳推出新版评书《新斗罗大陆》，一时间，在玩家中获得了巨大的兴致和赞扬。

《新斗罗大陆》与评书文化深度联动，刘兰芳老师携手爱人王印权先生以及青年评书人宋治，一同演绎《新斗罗大陆》评书。

作为北京评书代表性传承人，刘兰芳老师加入《新斗罗大陆》，担任"新斗罗评书表演人"，给这次"时代有斗罗，传承永不落"增加了看点和关注。

我看见，刘兰芳讲《新斗罗大陆》的评书稿件一共有5集，每集有3000字。算起来就是1.5万字。刘老师要求自己背下来。尽管有提示板，可刘老师说不背下来，照着提示板说，那是在读稿件，不能进入规定情境表演。作为艺术大师，刘兰芳对自己一向要求非常严格，自从稿件拿到手，就开始了背诵。76周岁的人了，可刘兰芳不但根据表演需要对脚本进行二度创作修改，而且夜不成眠地背诵稿件，利用一切时间背稿子。刘兰芳曾对我说："我哪儿老，头脑肯定不会老，因为经常背东西。"在准备《新斗罗大陆》的稿件期间，刘老师心里有事，晚上睡不着觉了，满脑子想的都是"新斗罗在穿越"稿子里的内容。尤其这个脚本，不像以往的顺口、流畅，《新斗罗大陆》新故事、新词汇，非常绕嘴，读起来也瞥脚，更何谈背了呢！但刘老师经过努力，在现场录制时不看指示屏幕，基本都背下来了。我在一旁手里拿着稿子，只见刘老师投入表演，根本没有看前面的字幕提示器。

经过几天的录制，导演非常满意，在场的也大加赞扬。录制中，有的篇章，导演满意了，可刘兰芳老师觉得不满意，要求重新录制，这种认真态度，带动了整个团队，高水平完成了录制。

为了达到整个创作的艺术效果，在服装、化妆上刘老师也严格谨慎一丝不苟。这次刘兰芳共参与了节目录制5集，从家带来两个服装箱子，10多套

服装，请导演过目，表演时穿哪套服装合适。在这之前，剧组也购买了几套服装，但总体看都不太理想。刘老师想起家中还有一套服装很好，利用吃晚饭的时间，刘老师带领我和司机，从通州的拍摄基地，回到位于北三环的家中，往返3个多小时，取来服装，事后证明，从家中取来的服装，穿上效果非常好！把艺术当作生命的刘兰芳老师，这种做事精益求精的态度，我早已习以为常，但感动了创作团队，都禁不住给刘老师大大的赞！

《新斗罗大陆》评书录制完成后，先后在抖音、西瓜视频、今日头条等上线，收到喜人的效果！

时代有斗罗，传承永不落。传统评书与《新斗罗大陆》的手游文化，刘兰芳带领其团队潇洒走一回！

2022年7月

海南之行

为庆祝中国共产党成立101周年,给海南人民和基层干部群众送去节日的慰问与祝福,由中国民间文艺家协会、中国文艺志愿者协会和海南省文联共同主办,中国文联民间文艺艺术中心、海南省民间文艺家协会、屯昌县委宣传部、屯昌县乌坡镇等单位共同承办的"我们的中国梦"——文化进万家中国民间文艺家协会学雷锋文艺志愿服务走进海南系列活动,6月29日至7月1日分别在海口市琼山区云龙镇、屯昌县乌坡镇青梯村举办。

6月29日,海南之行又开始启动。近期雨水很多,能否出行,团队的人都非常担心,用刘老师的话说,只有飞机起飞了,落地了,演出结束了,海南之行才可称完美。

尽管在首都机场延误了两个多小时,当飞机降落在海口美兰机场,服务队全体成员还是非常兴奋的。连一向做事非常低调的刘兰芳老师也禁不住说,很希望出来参加活动、演出,否则老本行都生疏了……

海南真是四季常青,绿茵覆盖,满眼都是绿色,让人心旷神怡。在去宾馆的路上,宋德全老师望着欣赏景色的同行们说:"你们服不服,在首都机场候机的时间里,刘兰芳背诵了三个新段子,真是宝刀不老哇!"我作为刘老师助理,知道其中有一个新段子是准备参加第八届全国道德模范巡讲的评书

"草原雄鹰——拉齐尼·巴依卡"。

刘兰芳老师已经连续参加七届全国道德模范巡讲了,这次第八届全国道德模范巡讲也即将开始,每次刘兰芳老师背诵新段子,都主动找机会给别人背诵,一方面征求意见,一方面熟悉稿子。记得在第七届全国道德模范巡讲前,刘兰芳老师给我背"大孝唯忠——黄旭华"的新段子,并说自己要求每天背诵10遍,而且经常在背诵中被英雄人物的事迹感动得热泪盈眶,让我非常敬佩和惊叹。可见刘兰芳的艺术之树常青,是与她努力、刻苦分不开的!

海南省是民间民俗文化资源丰富的地方,更是推动高质量发展的国际自由贸易港先行试验区。中国民间文艺家协会志愿服务队在建党节来到这里,是为了把"感党恩、跟党走"的主旋律带过来,振奋民心,迎接党的二十大胜利召开。

来到海南,"感党恩·跟党走"的主题贯穿学雷锋文艺志愿服务队的活动始终。6月29日下午,文艺志愿服务团一行拜谒了冯白驹将军故居,参观了乡村振兴示范小镇——十里春风诗意小镇,还为云龙图书馆捐赠了图书。

在图书室,刘老师翻阅出版的《海南传》说,你们应该宣传一下海南,也可以用评书播讲宣传。刘兰芳老师还为图书馆赠送了自己出版的评书《杨家将》等。

在炎热的海南,一路上刘兰芳老师头戴海南人的手编竹帽,雄赳赳、气昂昂、兴致勃勃、大步流星走在前面，成为一道风景，引领志愿服务队，向前！

在参观十里春风诗意小镇时，刘老师也心情大好，在美丽如画的风景中拍照留念。

6月30日上午，文艺志愿服务团一行来到屯昌县乌坡镇青梯村，参观考察了青梯美丽乡村，与青梯村乡村振兴工作队、村"两委"干部举行了座谈，共同为青梯村的发展建言献策。

青梯村是海南省文联唯一定点帮扶的偏远村庄，从脱贫攻坚到乡村振兴，海南省文联先后派出5位驻村书记到青梯村开展帮扶工作，在现任驻村第一书记、省民协副主席兼秘书长管丽娟的有力组织下，青梯村的儿童艺术培训工作开展得有声有色，开设了剪纸班、钢琴班、美术班和童声合唱团。这次中国文艺志愿服务团的艺术家们来到这里演出，正是海南省文联和省民协引进的特色帮扶项目。我们还参观了剪纸艺术，在活动室，代表团一行齐声高唱《我和我的祖国》，把这次活动提升了一个高度。

海南具有丰富的民间文化和红色文化，这次下基层活动，是一次深入民间、扎根基层的机会，是一次为老百姓带来欢乐的机会，以民间文化艺术，赋能乡村振兴。各文艺名家对当地儿童服务团进行声乐等辅导，与当地

艺术家进行互动，这将对屯昌县乌坡镇当地文化建设、海南自贸港文化建设起到巨大的促进作用。同时，正如刘兰芳在对记者采访时谈到的："这次中国民间文艺家协会学雷锋志愿服务队到海南之行，是送雷锋精神到基层，实际我们是来采风、来学习的，学习雷锋精神。

"海南建成自贸港，如今变化很大。我第一次来海南到天涯海角，那时这里还很荒凉。现在公路宽阔，植被好，海南人的精神面貌好，民风淳朴，风光秀丽，文学艺术活动搞得很活跃，城市建设规划得好，是天翻地覆的变化。今后要发现人才、选拔人才，用文艺来推动自贸港的建设，写出更多优秀作品。我曾经创作、播讲过《海岛女民兵》，文艺服务于自贸港的建设我也做贡献了！"

在准备演出时，刘老师看到快板书的演员在练习，微笑地走过去，非常专业地说："打快板要打出金属声……"随即也拿过快板，熟练地打起来，让我们大饱眼福。

6月30日晚上，演出活动以海南琼中苗族民间舞蹈队《平安舞》开始，以《七律·长征》《不忘初心》结尾。在整场演出的12个节目中，涵盖了民俗歌舞、评书、独唱、京剧、相声、小品、山东快书等艺术门类。著名评书表演艺术家刘兰芳则表演了评书小段，绘声绘色、生动传神，精湛的表演受

到观众的喜爱。

  海南之行，天气热、时间短，举办活动项目多，刘兰芳老师不顾年龄大，同中国民间文艺家协会学雷锋志愿者服务队一起，克服困难，热心服务，得到海南人的高度赞扬。

  中国民间文艺家协会学雷锋文艺志愿者服务队海南之行丰富、圆满！

2022年7月

又来到石匣村戏剧节

当听说刘兰芳老师又要到山东章丘石匣村参加由中国戏剧文学学会等单位主办，济南市章丘区委、区政府等单位承办的2022年"石匣过半年"暨第四届乡村振兴戏剧节，我非常兴奋。一个不大的小山村，已经连续4年了，每年的7月16日，在山东济南石匣村举办戏剧节。

石匣村具有丰富的文化和旅游资源，既有章丘梆子博物馆、古戏台、乡愁记忆馆，也有凉水泉、圣水泉等36口泉水，还有升仙桥、真武桥等24座古桥，在中国戏剧文学学会等单位的赋能下，以乡村特有的山水生态文化旅游资源为载体，以戏剧文化、二十四节气、过半年等优秀传统文化为重要内容，成功打造出了"看大戏、吃伏羊、过半年"的文化旅游名片，引领山区群众走上一条乡村振兴之路。

著名评书表演艺术家刘兰芳老师这次来到章丘石匣村，参加振兴乡村戏剧节，看见这里变化很大，建起了很多民宿，道路也宽了，农民可以开展旅游相关产业等来增加收入。

尤其让刘兰芳非常高兴的是，这届戏剧节还邀请了裘芸、李佩泓、张慧芳等众多戏曲、曲艺界名家，为观众带来京剧、昆曲、吕剧等各剧种的精彩节目。

刘兰芳在"曲韵歌扬——石匣行"2022年中国戏剧曲艺名家章丘联谊活动中表演了评书《岳飞传》的岳飞大战金兀术片段，受到观众的热烈欢迎。

这届戏剧节还首次尝试教育戏剧公益服务项目"走进石匣村的莎士比亚"，用章丘梆子演绎莎士比亚喜剧《威尼斯商人》；开展齐长城脚下有好"戏"活动，分别在石匣村主会场和各个分会场进行地方戏、庄户剧目、民谣展演，活动到7月23日。

在7月18日举行的中国戏剧研讨会上，刘兰芳发言说："非常高兴再次来到章丘石匣村，尤其看到很多名家参加会议，很激动。这在北京也很难的。中国戏曲有360多种，今天，这么多曲种名家聚集一起不容易。中国戏剧文学学会有能力让名家荟萃；章丘石匣有魅力；艺术家学习《讲话》深入基层，践行习近平总书记文艺为人民服务的宗旨，有行动。

"传承中华民族优秀文化，各个曲种各有特色，我在中国文联工作27年，一直坚持写书、创作、传承。向各位戏剧家学习，衷心祝愿各位艺术家艺术长青！"

研讨会对当今如何发展振兴农村戏剧等进行了深刻的探讨。会议开得非常热烈，导致发言时间不够，很多嘉宾只好把书面发言稿呈给会议。最后刘兰芳还被中国戏剧文学学会授予终身成就奖。

利用空闲时间，刘兰芳参观了李清照纪念馆，非常认真观看李清照的生平事迹和书写的诗文。在游览中，刘兰芳还玩起了水枪滋水，这个镜头让我抢拍下来，78岁的刘兰芳真是童心未泯哪！

2022年7月

给《乡村大舞台》当评委

"刘兰芳老师担当《乡村大舞台》的评委太适合了!"

"刘老师的知识储备真丰厚,不但历史知识渊博,各个艺术门类也都了如指掌……"

"刘老师曾经担任中国文联副主席、中国曲艺家协会主席,那底蕴和功力……"

在央视17套《乡村大舞台》录制节目现场,导演组和评委嘉宾不约而同对刘兰芳的点评大加赞赏。

《乡村大舞台》是央视一档以农村为主要服务对象的电视综艺栏目,据说已经举办了25年,服务了全国1000个地方政府和人民,为广大农民"送欢乐下基层"达千余场,在农村有着广泛的群众基础。

近日,《乡村大舞台》编创团队邀请了刘兰芳担当评委嘉宾,两天的时间里,先后为从全国各地农村精选出的在《乡村大舞台》表演的节目进行现场讲评,并由网络100位评审团投票,最后选出优胜者晋级下一轮的演出。

仲夏,烈日炎炎。北京密云著名的拉菲堡小镇,绿荫环绕。高耸伫立的杨树,连绵不断的葡萄藤,给人一种精神上的清爽。乡村大舞台的徽标"丰收集结号"几个大字,在各种谷物的装饰下,格外醒目,充分显示了《乡村大舞台》录制现场的浓郁风格。

评委席设在几棵大树下，浓密茂盛的树叶遮挡着三伏天的酷热。评委老师落座后，演出开始。

首先登场的是祖孙三人演唱的歌曲《大顶子山高又高》。主持人杨帆介绍说，她们是赫哲族，祖孙三代演唱歌曲。擅长制作赫哲族服饰和鱼皮服饰，祖孙三人分别是赫哲族服饰传统文化的国家级、省级、市级非物质文化遗产传承人。

刘兰芳老师听到这里，马上说："赫哲族是以打鱼、游牧为生，没有固定的居所，善于用鱼皮做服装。"

"对呀，我们穿的就是自己制作的赫哲族服饰和鱼皮服饰，我们制作的赫哲族服饰被中国非物质文化遗产研究院、北京民俗博物馆、吉林省博物馆等单位收藏。我们想尽最大的努力，把赫哲族的民族文化传承下去。"

刘兰芳接着说："赫哲族是我国一个古老的少数民族，很早就生活在黑龙江省的三江流域。明朝时，他们是女真族的一个分支，新中国成立后统一族名为赫哲族……"刘老师滔滔不绝地介绍，感到刘兰芳老师的点评和介绍，给我们上了一堂民俗历史课，让我们增长了知识。

《陕北说书》这个节目开始表演，热情奔放的说唱，欢快的弹奏，立刻吸引住大家的注意力。

《陕北说书》2006年经国务院批准列入第一批国家级非物质文化遗产名录。它的传统表演形式是艺人采用陕北方音，手持三弦或琵琶自弹自唱、说唱相间地叙述故事。它的唱词通俗流畅，有浓郁的地方特色，曲调激扬粗犷，富于变化，素有"九腔十八调"之称。说书艺人善于运用各种不同的曲调来描摹人物形象，表现人物的情绪。

《乡村大舞台》编辑的资料显示"陕北说书"有3000多年的历史。刘兰芳看到后，马上电话咨询中国曲艺研究所的有关人员，确认这个数据是不准确的，"陕北说唱"只有300多年的历史。而说书的历史悠久，有2000多年的历史……

刘兰芳对艺术精益求精的精神，让在座的人非常敬佩。这个节目在今天的几个节目中表现得非常突出，刘兰芳征求其他评委的意见，给了他们直通卡。有了这个直通卡，就能直接进入下一轮的演出。

看到《肩上芭蕾》的组合演出，刘兰芳对这对夫妻搭档组合演出非常心疼。因为知道，为了参加这个节目，在前不久的排练中，出了事故。男主角把他的搭档从肩上扔到了地上，造成女演员的头部缝了6针，至今还没有拆线，就来参加演出。刘老师嘱咐他们既要保证演出，还要注意安全，关爱这些年轻演员的成长。由于伤痛，《肩上芭蕾》的表演，有些高难动作没有做，因此，这个节目没有被选进下一轮的演出。

《乡村大舞台》演出现场，紧张激烈，100位网上嘉宾也投票，发表自己的意见，真是红红火火、热闹非凡。

当《农村趣事》的节目表演时，刘兰芳对女演员的服装提出了异议，颜色太暗了，满场演员的服装都是黑暗色调，需要改变一下女演员的服装颜色……

总之刘老师从各个角度、各个方面对节目进行点评和介绍，给我们大家上了一堂文化艺术课。

有了第一天的经验，第二天的点评更加游刃有余。

在"丰收处处是舞台、集结号吹起来"的口号中，8个节目先后登场。其中有大家熟悉的曾经在央视春晚演出的"俏夕阳舞蹈队"，她们原来是以唐山皮影为动作主线，如今加上了街舞、霹雳舞等现代舞的舞蹈元素，增加了很大的难度。"俏夕阳舞蹈队"已经有16年的历史了，演员年龄也很大，有的已经70多岁了，还参加这样高难度的演出。刘兰芳老师看到后给予了高度赞赏。但由于这个节目已经被广大观众熟知，就没有选进下一轮的演出，令她们出乎意料，感到了一些遗憾。

在《赛装赛到北京来》的这个节目，大家提出了疑问："什么是赛装？"

原来，永仁赛装，距今已有1300多年的历史，被誉为古老的"乡村T台秀"。每年农历正月十五，不论男女老少幼，都要身穿精美的彝族服饰，跳脚打歌来比美，尽情展示彝族人民的聪明智慧和高超技艺，这个永仁赛装还上过纽约时装周呢。

赛装的演员邀请评委嘉宾上台，分别给他们穿戴上彝族的服饰，一起拉手跳彝族舞蹈。刘兰芳老师尽管年龄70多岁了，却跳得最美、最开心！

《乡村大舞台》充分展示了中国农民丰富的文化生活，展现了精彩纷呈的文艺节目，是一个备受欢迎的农民综艺节目，这届《乡村大舞台》由于有刘兰芳的参加，异常活跃和精湛，受到观众的喜爱和欢迎。祝愿《乡村大舞台》越办越好！

2022年8月

在 山 东

一、沂源县七夕帐篷节

牛郎织女的传说家喻户晓。可你知道这个故事发生在哪儿吗？

沂源县是"牛郎织女传说"的发祥地，在县内拥有国内唯一与"牛郎织女传说"实地实景相对应的古建筑遗址——建于唐代的织女洞和牛郎庙。沂源"牛郎织女传说"被列入国家级非物质文化遗产名录，沂源县也被中国民俗学会授予"牛郎织女传说之乡"称号，国内唯一的"牛郎织女传说"专门机构"中国牛郎织女研究中心"也设在沂源县。从此，这座县城新的文化符号就离不开七夕的浪漫与甜蜜了……

8月5日，沂源县第十五届"七夕·相逢"帐篷节拉开了序幕。刘兰芳出现在"七夕·相逢"帐篷节开幕式现场，尽管中途下了一场小雨，喜爱刘兰芳的观众还是把节日的演出活动推向了高潮。

继承中发展，创新中提升，深入挖掘牛郎织女爱情文化等宝贵资源，着力打造资源转化的旅游"沂源名片"，建设独具魅力的旅游、休闲度假、健康养生目的地。沂源"七夕·相逢"帐篷节、情侣节，如今已成为全民参与、全民共享的文化旅游盛会，对于汇聚人气，提高沂源知名度，拉动文化旅游经济发展,不断丰富旅游产品供应,提高旅游接待人次和旅游收入,起到了良好的带动作用。

刘兰芳在接受记者采访时说,这次来到沂源县,感到变化非常大。30年多年前来过这里,那时还是土道,现在高楼林立、道路宽敞。尤其还参观了沂源县博物馆,作为一个县级能有这样的博物馆,说明经济发达的同时领导重视文化。刘兰芳参观古文物修复站,说,以前看到修陶瓷的,修复古铁、铜器的还是第一次看见,很开眼界,非常好。这次参加"七夕帐篷节",发扬、继承传统文化,祝沂源县文化经济旅游更上一层楼。

沂源县"七夕·相逢"帐篷节为广大群众和外来游客奉献了丰富多彩的精神文化大餐,进一步叫响了"牛郎织女·情定沂源"品牌。

二、曲艺会演、发现人才

"喜迎二十大、讴歌新时代"是由青岛市文联等单位主办、青岛市曲艺家协会等单位承办的青岛市原创曲艺大赛,经过几轮的初试、复试,评选出少年组、青年组、成人组一、二、三等奖及组织奖等,颁奖晚会于8月7日在青岛市大剧院举行。刘兰芳作为颁奖嘉宾,为获奖者颁奖,并且在汇报演出中做了示范演出,受到与会观众的热烈欢迎。

值得一说的是,刘兰芳老师的二儿子王玉一家也来到演出现场,观看了刘老师的演出。尤其是刘兰芳的二孙子,从来没有看过奶奶演出,都不知道

自己的奶奶是做什么的，在演出现场，看到观众如此热烈地欢迎奶奶的表演，也常高兴。事后，刘老师询问自己的儿子王玉，演出怎么样？王玉说，很长时间没有看到自己的母亲演出了，禁不住赞叹说："好了几个层次……"听到自己儿子的肯定和夸奖，刘兰芳老师非常高兴，因为王玉也是文化部下属剧团的国家一级演员。

　　王玉一家是自驾车到黄山旅游，本来从济南要开往北京的，听说刘老师在青岛，就返回到青岛。刘兰芳能在青岛和自己的儿子、孙子相聚是多么快乐的事呀！本来接待方说负责安排一切，可刘兰芳不愿意麻烦别人，自己默默交付了住宿和餐费。刘兰芳老师就是这样，无论到哪里，都不花别人一分钱，有时房间喝的水不够了，就自己掏钱买水，让人非常敬佩。我抓紧机会抢拍下这张祖孙三代的合影。

　　这次演出，刘老师发现一个男青年唱胶东大鼓的，各方面条件很好，爱惜人才的刘老师立刻开始电话联系有关部门，准备推荐其继续学习、深造。我看到刘老师为这个人才三番五次不怕麻烦地联系有关人员，真替这位年轻人感到幸运，遇到贵人了！

　　刘老师还发现一位年龄大一点的老师，是胶东大鼓传承人，82岁了还在孜孜不倦地教学。刘老师发现这位老师尽管年龄大了，可头脑清晰，讲课内容有创新，准备推荐这位老师到有关部门教授胶东大鼓。刘兰芳就是这样心里时时处处装着中国曲艺事业，为中国曲艺事业的发展呕心沥血，让人敬佩！

2022年8月10日

高温下的演出
——记刘兰芳在安源煤矿

三伏天，刘兰芳应江西省萍乡市的邀请，参加"安源煤矿工人运动100周年"纪念演出活动。

安源是中国工人运动的摇篮，是中国近代工业发祥地，也是湘赣边界秋收起义策源地和爆发地。

20世纪20年代，毛泽东、刘少奇等共产党人在安源领导了安源路矿工人大罢工。当时，资本家强迫安源路矿工人每天进行12个小时以上的繁重劳动，却只发放微薄的工资。不仅如此，资本家还常常借故拖欠工人工资，榨取工人利益。

1922年9月初，毛泽东等人在听取各方面情况汇报后，果断做出举行大罢工的决定，提出保障工人权利、改善工人福利待遇等正当要求。

1922年9月14日凌晨，安源路矿工人大罢工全面爆发。伴着划破黑夜的汽笛声，参加罢工的上万名工人手持火把，高喊着口号冲上街头。

在毛泽东、李立三、刘少奇等共产党人的带领下，工人们挫败了安源路矿当局的种种阴谋。最终，路矿当局不得不做出让步。安源路矿当局同工人俱乐部代表签订条约，答应了工人们提出的大部分条件。至此，安源路矿工

人大罢工取得胜利。

安源路矿工人大罢工的胜利，有力推进了马克思主义与中国工人运动相结合。至此，在共产党的领导下，红色安源逐渐成为"无产阶级的大本营"。1927年9月，时任秋收起义前敌委员会书记的毛泽东又一次来到安源。在这里，他召集安源、浏阳等地党和军事负责人召开会议，组建起党的第一支工农革命武装队伍。一大批安源工人就是从那时走出矿井，走上了武装革命的道路。

为纪念安源路矿工人运动100周年，弘扬安源精神，由江西省文联、萍乡市委宣传部主办，省曲艺家协会、萍乡市文联承办的"安源红"纪念安源路矿工人运动100周年曲艺专场晚会，7月25日晚在萍乡市安源大剧院举行。

整台晚会以原创作品为主，由《忆·初心》《话·传承》两个篇章组成，节目以江西曲种为主要表现形式，有鄱阳大鼓、永新小鼓、萍乡春锣、萍乡莲花落、萍乡渔鼓、南昌清音等。萍乡渔鼓《安源记》拉开了演出帷幕，萍乡春锣《毛主席来安源》、鄱阳大鼓《安源星火》等节目，演绎了一个个鲜活

的历史故事，气势恢宏。晚会深情歌颂党、歌颂祖国、歌颂人民，演员们精彩的演出获得观众阵阵掌声。

刘兰芳则以评书形式，把节目前后贯穿起来，使晚会增添了亮点和高度。

第二天，刘兰芳等人冒着近40摄氏度的高温，下基层，来到安源煤矿矿区，在安源煤矿矿井前，为工人演出。烈日高温下，演出服装全被汗水浸透了，可刘兰芳热心为第一线工人演出了两段精彩评书，受到矿工们的欢迎和赞美。

"巍巍安源山高，清清萍水河长。满目青山绿水，遍地乌金宝藏……"安源这座具有光荣传统的老工业城市，逐步发展起新能源等新兴产业，走上了高质量发展之路。看着远处耸立的座座现代化厂房，在共产党的带领下，红色安源这颗闪烁在赣西的明珠，一定会发出更加璀璨的光芒。

安源煤矿之行在刘兰芳的艺术实践中又写下浓重的一笔。

2022年9月

曲苑流芳
——记刘兰芳评、鼓书专场

辽宁作为曲艺大省，名家辈出、薪火相传，在中国曲艺发展史上描绘出浓墨重彩的画卷。在辽宁一带百花园中，刘兰芳贡献卓著，她在评书中继承和发扬了古书的优长，说演中带有铿锵起伏的声韵之美，开辟了一片评书新天地。

刘兰芳从艺60余年，仍心系观众、孜孜不倦，时刻不忘优秀传统文化的传承与发扬。正是以刘兰芳老师为代表的广大传承人身体力行、躬耕不辍，中华优秀传统文化才能穿越光阴的隧道，在新时代焕发出更加蓬勃的生命力。

为喜迎党的二十大胜利召开，推动我省非遗保护再上台阶，由辽宁省文化厅和旅游厅、辽宁省演艺集团主办，辽宁省文化遗产保护中心承办的"喜迎二十大。奋进新征程"——"曲苑流芳"刘兰芳评、鼓书专场展演于9月16日在文馨苑举办。

刘兰芳老师携众弟子登台献艺，展现我省的评书、鼓书，礼赞英雄楷模，弘扬时代精神，展现我省近年来曲艺非物质文化遗产保护取得的优秀成果。

金秋的省城，秋雨绵绵。刘兰芳一行下榻到酒店后，抓紧时间进行各自节目的排演。刘兰芳师徒同场演出这已经是第三次了，为了传承中华民族的优秀曲艺文艺，已经78周岁的刘兰芳老师仍然站在舞台中间，还孜孜不倦地教授弟子。

刘兰芳老师在记者采访时说道："非常感谢辽宁省非遗中心对传承曲艺发展的重视，多次为我们提供了这么好的平台，来展示曲艺艺术的精华，为传承中华民族传统文化做出贡献，只有传承才能发展，只有发展才能不断传承。因此，不断学习，不断创新，发展曲艺艺术是我们每位曲艺工作者的职责和义务。愿辽宁曲艺艺术繁荣发展，不断前行。"

2022年9月

安徽之行

孟颖是安徽省曲艺家协会主席,刘兰芳老师的学生。这次来到安徽,孟颖邀请刘兰芳到她的工作室看看。

位于阜阳市淮南的孟颖工作室,尽管还没有最后修缮完毕,但看到后,也让我们震惊。

全部由政府投资的孟颖工作室,面积五六百平方米,有小剧场、舞台、化妆间、工作间等,设施完善、功能齐全,非常可观。

小剧场地毯铺地,淮南非遗特产柳编的藤椅、藤桌,摆满了观众席,雍容典雅。

刘兰芳看到后禁不住赞叹说:"我都没有这样的工作室,太好了!说明当地政府对曲艺事业的支持和对孟颖的厚爱。"刘老师推心置腹地对孟颖说,要珍惜这一切,多做事。培养曲艺人才,不辜负组织的栽培和希望。并献计献策如何在这里举办各种培训班、举办小型演出会,把小剧场充分利用起来,把它当作培养人才的基地等等。

当刘老师得知孟颖是阜阳市人大常委会委员后,又语重心长地嘱咐她要在人代会上为曲艺事业代言,多提关于曲艺发展中的建议和意见,人大代表不仅是个人荣誉,更是曲艺界的代言人。这是人大代表的职责,为曲艺事业敢于说话。

而后，刘老师埋怨孟颖说："这么好的小剧场、工作室，这么好的条件，你今天找些人到这里唱唱、演演多好哇！比我光看工作室好多了！"随后，孟颖叫来自己的两个学生开始表演，孟颖也唱了自己拿手的唱段，刘兰芳老师也表演了精彩的东北大鼓和评书《草原雄鹰——拉齐尼·巴依卡》。在刘老师的带动下，一个曲艺节目交流演出开始了。这就是刘兰芳大师，走到哪儿，头脑里全是为曲艺事业发展的大事，为曲艺界多出人才、多出作品，出谋划策、呕心沥血！

随后孟颖请刘兰芳老师到她工作室附近的柳编厂看看。

柳编是阜阳的非物质文化遗产，产品远销国外，陪同的阜阳市领导向刘兰芳介绍了柳编厂的发展和打算，并邀请刘老师到柳编厂产品展览室参观。盛情难却，我们走进柳编厂展品展示厅，大开眼界。各种柳编产品琳琅满目，漫步在柳编的世界中。这些柳编艺术品，为阜阳市的经济发展做出了重要贡献。刘老师也兴致勃勃拍照留念，并鼓励和赞赏他们发展自家的非遗产品，为国家经济发展做出贡献。

刘兰芳老师名气大，可做事非常低调，不愿意打扰人，特别是当地政府。可没有不透风的墙，在安徽，黄山市的领导听说刘兰芳老师来了，市长

出面一定要宴请刘兰芳。他们为刘兰芳来到黄山感到荣幸……

因为刘兰芳老师到来，当地人要安排多项活动，都被刘老师拒绝了。但是参观千年古村落黄村和百年学校，刘老师却不顾疲劳前往。尤其是参观了珠算博物馆，让刘兰芳大开眼界。刘老师说，参观过各种博物馆，参观珠算博物馆还是第一次。

珠算是我国宝贵的文化遗产。我国最早计算是用小土堆和结绳等来计算，慢慢发展成为珠算。

明代，手工业空前发达，商业和对外贸易得到迅猛发展，经济核算规模扩大，经济核算的重要性，进一步促进了珠算的应用和推广。这一时期，是珠算发展的鼎盛时期。在算理、算法方面，珠算先人程大位编著了《算法统宗》《算法篡要》，吴敬编著了《九章算法比类大全》等等，使得珠算算法更加规范，不但四则运算形成了口诀为指导的独特运算体系，而且在算盘上进行开平方、开立方的运算技术也相当成熟。到了明代中后期，珠算最终取代筹算而成为社会主要计算方法。

清末民初，新式工业兴办，金融汇兑、存放款等经济问题，大多依靠珠算解决，从而进一步促进了珠算的推广和应用。我国珠算第一人程大位的故居就在此。

1000多年来，珠算对我国的经济发展和社会繁荣，曾做出了重大贡献。即便是进入电子时代的今天，由于它有优越的计算功能、教育功能和启发智力功能，所以它不可能完全被电子计算器所取代。

在珠算博物馆我们看到了清朝以前的各种版本的《算法统宗》《简明篡要》《指明算法》和新中国成立前后珠算资料数千种，古今中外算具数百种。其中有金、银、铜、铁、锡、骨、陶瓷、象牙、红木等材质的算盘。还有日本、苏联等外国算盘，有170厘米的大算盘，也有2厘米的微型戒指算盘等。

刘兰芳老师非常认真地听讲解和观看展厅的各种展品。刘兰芳老师一贯求知、好学，在这时体现得更加淋漓尽致。

只见刘兰芳老师饶有兴趣地打起来算盘，边打算盘，边背诵珠算口诀。

参观珠算博物馆让我们增长了知识，珠算这一传统文化的保护，非常有意义。

这次安徽之行，是值得记忆的一次出行，刘兰芳老师时时处处努力学习、刻苦钻研的精神让我们永远敬佩，生活中认真、严谨的态度让我们赞赏。

这次出行也让我们在了解社会中，更加珍惜生活、珍爱生命。

2022年10月

从老照片说起

时间真快，算起来从2017年底到现在，我给刘兰芳老师当助理已经五个年头了。我非常幸运自己有这个机会，跟随全国著名评书表演艺术家刘兰芳老师到全国各地演出、参加活动，不但开阔眼界、见了世面，而且在刘老师身边学习很多东西，使我平淡的人生变得异常绚丽多彩。

前不久，回鞍山办事，弟弟递给我几张照片。我一看，太惊喜了！一张照片是鞍山文学艺术联合会召开全委会时，我与刘兰芳老师坐在一起交谈；另一张照片是1988年，已经是中国曲艺家协会副主席的刘兰芳老师，接待日本中国曲艺鉴赏团，日本著名艺人冈本文弥来辽宁鞍山考察。当时，我作为鞍山文联组联部主任，同领导接站，照片是我们同兰芳老师在鞍山火车站的合影。照片中还有时任辽宁省曲艺家协会负责人崔凯和《辽宁日报》文艺部记者田志伟。

还有一张是在由中国曲艺家协会等单位联合主办的在鞍山召开的"千山书荟"的合影。

看着老照片，曾经与刘兰芳老师在鞍山的相识闪现在眼前……

刘兰芳老师曾在鞍山生活工作了37年，她的青春生命献给了鞍山文艺事业，她是鞍山人的骄傲。我同刘兰芳老师的相识也是在鞍山文艺团体。1968

年，鞍山市成立了一支毛泽东思想文艺宣传队。我从几十万上山下乡的青年中，被选到这个文艺宣传队担任报幕员，也就是今天的节目主持人。巧的是刘兰芳老师的爱人——王印权老师也是宣传队创作组成员。王老师创作特点是作品立意新，手法快，我们演出的曲艺节目大都出自王老师之手。

刘兰芳老师1959年就是鞍山市曲艺团的演员，是团里的业务尖子。"文化大革命"期间，刘老师到鞍山无线电厂体验生活。20世纪70年代初，在一次全市的文艺会演中，刘兰芳创作、表演了东北大鼓《红心巧手拉单晶》，引起轰动。当时，担任市委书记的耍青川军长看到刘兰芳的演出，便问身边的人："这位是哪里的？"当听说是鞍山曲艺团的专业演员，在工厂体验生活时连忙说："这不是浪费人才吗?!"随后一纸调令，刘兰芳老师立即被调回到鞍山毛泽东思想宣传队曲艺队，后来又回到曲艺团。从那时起，刘兰芳老师参加曲艺演出的同时，还开始在鞍山电台录播长篇故事、评书。《海岛女民兵》《战地红缨》《矿山风云》《闪闪的红星》等等，一部书接着一部书地录制播放，有的作品拿到全国电台交流，受到听众的喜爱。重新回到曲艺团的刘兰芳，非常珍惜创作机会。每天演出，到电台录书，忙得不亦乐乎。刘老师刻苦钻研业务在整个文化系统是出了名的。

1979年，鞍山电台文艺部主任李喜元找到刘兰芳老师，请刘老师播讲录制传统长篇评书。鞍山电台领导几经选拔，认为刘兰芳口齿清楚、声音洪亮，年轻、刻苦，而且已经在电台播录了几部长篇小说，有经验。

《岳飞传》的录制是经过曲折艰难的。首先没有书稿，四处找资料；没有地方写书，就在自家的炉台上铺张报纸当书桌。刘兰芳与王印权轮流写书、改稿、背书，为了第二天能顺利录书。我还听说电台《岳飞传》编辑李喜元家住在辽阳，有时录书，忙到半夜也不回家了，住在单位的胶带库里，由于鞍山电台原来是旧楼，木质地板，半夜时常有老鼠从脸上跑过……

《岳飞传》的成功录制与播出，刘兰芳等主创人员克服了重重困难，当评书《岳飞传》在全国69家电台播放以后，立刻引起轰动，刘兰芳立刻成为家喻户晓的大明星。

在那之后，刘兰芳又编写播出了《杨家将》《红楼梦》等30多部评书，多次荣获国家级文艺大奖及全国"五一劳动奖章""三八红旗手"等称号。每当提起这些，刘兰芳说："作为一名曲艺工作者，我能取得今天的成就，要感谢党，感谢国家，感谢时代，给了我培养和支持，使我在艺术的道路上走得更远。我应该抱着感恩的心，推出更多的好作品，服务人民，回报听众。"

那时，刘兰芳老师不但演出任务繁重，职务也多了：先后担任鞍山市曲艺团团长、文化局副局长及鞍山市文联兼职副主席。我也从话剧团调到鞍山市文联工作，刘兰芳老师成为我的领导。每次文联全委会，刘兰芳老师不管文化局工作多忙，曲艺团演出任务多重，都积极参加，并且在文联举办的联欢会上表演评书。

刘兰芳老师在鞍山市曲艺团任团长期间，带领全团200多人不要国家一分钱，自主创业，成为全国曲艺界改革创新型的领导。1996年，刘兰芳被调到中国曲艺家协会担任领导，还曾担任中国文联副主席、中国曲艺家协会主席等职务。

现在，每当曲艺团的演员提起刘兰芳当年带领他们创业、演出的经历时，还都非常兴奋和自豪，互相争着抢着诉说那段历史，我理解，他们之间留下的回忆永远是艺术生命的源泉和动力……

在鞍山，我曾担任鞍山电台《文艺百花园》直播节目的策划和主持人。由于我在文联组联部工作多年，对我们那个小城市的文艺活动比较了解，因此，《文艺百花园》的节目做得很顺手：邀请市书法家协会主席"谈春联"；邀请市作家协会主席"谈群众文化"；策划作家胡小胡创作的长篇小说《蓝城》首发式的现场直播。当然在"三八"国际妇女节，也邀请刘兰芳老师谈"女性话题"，刘老师访谈后，再给鞍山听众表演一段评书，是必不可少的。

刘兰芳永远是我们鞍山人的骄傲！

《岳飞传》播出后，刘兰芳于1985年当选为中国曲协副主席。当看到马街书会和胡集书会的盛况后，刘兰芳萌发想法并积极发起组织召开鞍山"千山书荟"，经过多方努力、协调，终于在1986年5月20日，首届"千山书荟"隆重召开，来自全国各地的曲艺家和中国曲协领导等都来到了鞍山。中国曲协领导罗扬、许光远等来了，全国各地的曲艺名家也来了。辽宁省、鞍山市等有关领导也到会了，当时我作为鞍山文联组联部主任也参加了会议。刘兰芳老师是这次大会的发起者、倡导者、组织者，忙得不亦乐乎。会议期间组织了理论研讨会、曲艺演出交流、参观鞍钢、参观千山等活动，整个会议盛况空前，开得非常圆满，得到与会者的赞赏和好评。时任中国曲协副主席罗阳对刘兰芳说："刘兰芳同志，你为评书、评话界做了一件大好事……"这次会议达到了互相学习、切磋技艺、增进团结，促进评书、评话艺术的繁荣发展的目的。

刘兰芳为中国曲艺事业做出了积极贡献。我们更加敬佩刘兰芳，不但评书说得好，领导曲艺发展事业也做得好，大大点赞！

2023年初

富有挑战的录制节目

参加完2023年海淀区"海之春"新春文化季的最后一场演出，已经是晚上9点多了，著名评书表演艺术家刘兰芳告别了同台演出的关牧村、霍勇等著名歌唱家，又连夜踏上了开往河北石家庄的车，将到那里参加河北省网络春晚节目的录制。

夜幕下的北京城繁星闪烁，明月高悬。此时，距离中国传统节日——春节还有一周的时间，沿街红红火火的彩灯，照亮着京城的夜空，十分美丽壮观。这期间是文艺团体、艺术家们最繁忙的时候了。3年的疫情，影响了很多演出，因此，从小就刻苦训练，几十年培养成的艺术本领，有机会展现给观众，是艺术家们渴望的事情。

在去石家庄的车上，刘兰芳就说，这么大的年龄还这么拼命，实在是因为舍不得自己从小苦练的评书艺术，也舍不得喜欢自己的观众。

今年从艺64年的艺术家刘兰芳，每当谈起自己的艺术经历，都非常感慨，党培养了自己这么多年，让自己从一名普通的演员成长为名扬四海的艺术家，成为国家的干部，只有用感恩来报答这一切。而体现在实践中，就是积极宣传党的方针政策，文艺为工农兵服务，为社会主义建设服务，传承中国曲艺艺术，说好评书。带着这时代赋予的责任，刘兰芳随时随地牢记着这一点。

小车在急速地向石家庄行驶，高速路上不时有运送货物的大货车，一辆紧跟着一辆不时掠过。刘兰芳非常体贴司机，说不着急慢慢开，安全第一。终于在12点半，我们的车到了石家庄的云臻宝陵世贸广场酒店。

　　演出结束，刘兰芳老师没有来得及卸妆，就一路奔波近4个小时。等在酒店整理好一切，已经是第二天的后半夜两点了。这就是老艺术家为了艺术而奉献的精神和作为。

　　早饭后，做好化妆准备，10点半开始录制节目。录制地点在正定古城里的荣国府。刘兰芳老师说的是评书《康熙买马》，非常熟悉的一个段子。可刘老师还是抽时间从头到尾默背了一遍。主办方准备道具花费了很多时间。刘兰芳没有怨言，而是冒着剧场的寒冷默默等待，老艺术家的高风亮节不得不让人佩服。

　　录制的过程很快，刘兰芳基本一条过，先后录制了《康熙买马》和《祝您幸福康宁》两段评书，受到主办方的好评。

　　这次的石家庄之行，我感到非常刺激，主要是开车夜行军，多么有意思呀！尽管我年龄大了，可对于打破常规的行为和做法，我格外喜欢和兴奋。愿我们的生活多一些光彩，这次石家庄之行，将深深留在我的记忆中。

2023年1月14日

参加海淀区的艺术活动

我在手机地图上看海淀区北部文化中心的线路图，发现距离我家那么远。乘公交车到那儿，需要两个多小时的时间，不但需要步行一段路，还要倒3次车，尤其是后段路没有地铁。这样的出行路线，时间是非常不保靠的。最终，我还是选择了到刘兰芳老师家，乘车一同前往。

由海淀区文化局、旅游局举办，海淀文化馆承办的2023年"海之春"新春文化季，在1月14日开幕。

上午8点半，小车从刘老师家出发，在京藏高速路向西北方向一路驰骋，随着高速路的顺畅，我们也放飞心情。

观看外边的景色，越走越感到行人很少，偶尔有公交车闪过，出租车几乎看不到，今天的决定非常正确，省心省力省时间！

几经周折，终于来到文化中心大厅。这次举办的活动各种艺术形式繁多，有非遗项目展示：皮影戏、捏糖人、写春联等。整个大厅热闹非凡。特别是很多家长带着孩子来参加，更增加了喧闹的氛围。

刘兰芳老师通过电话找到了主办方负责人，他们带领刘老师来到贵宾室。这里已经有先到的关牧村等艺术家。刘兰芳老师正要化妆，整理头饰，这时进来一帮人要和演员照相。一般演出前，演员不愿意受到这些外来因素

的打扰。实际他们在化妆换服装等准备过程中，内心都在默默准备自己演出的节目。这种打扰太多了容易让人心烦，影响演出情绪。关牧村老师是非常低调的歌唱家，几次被邀请照相，没有办法只好躲起来，可见这种干扰是太不应该了。刘兰芳老师一直对照相者来者不拒。有时我实在看不下去了，就从中阻拦，但都被刘老师示意不要拒绝他们。

　　10点开幕式的锣鼓响起，拉开了海淀区迎新春文艺活动的序幕。今天的文艺演出一共有16个节目，刘老师的节目是压轴演出。在刘兰芳还没有上场时，主持人刚说出刘兰芳的名字，台下的观众立刻在欢呼声中鼓掌。刘兰芳献给观众《康熙买马》的评书，得到大家的喜欢。

　　连续两天，我们都来到这个中心，刘兰芳老师也表演了两场评书，第二次演出结束晚上9点半，刘兰方老师也没有卸妆，就直接登上了去石家庄的车，录制网络春晚节目。

　　在演出的开场白，刘老师赞扬海淀区的领导在春节前夕，举办规模这么大、品种这么多的文艺活动，非常好。是坚持社会主义文艺，坚持文艺为人民大众服务的体现，多创作好作品，多宣传时代的楷模。让党的文艺思想永远辉煌！

2023年1月25日

助阵《鳌台故事会》

不在刘兰芳身边的人，是不知道刘兰芳有多忙！

有人会问，刘兰芳都退休了，而且已经79周岁了，能怎么忙？

从深圳飞往北京的飞机刚停稳，我来到前面头等舱刘兰芳老师身边，准备拿随行物品下飞机。刘老师看见我随口说："一万五的稿子修改完了，明天继续录音。"

"啊，这么长时间，您没睡一会儿啊？"此时，已经是晚上11点了。

在深圳东莞，刘兰芳刚刚结束一场演出，没有休息和用餐，直接乘车1个多小时来到机场，登上了返京的航班。中午化妆、演出，再从东莞乘车到深圳机场，加上几个小时的返京飞行，年近80的刘兰芳已经连续10多个小时没有休息了！

应广东东莞曲艺家协会的百般邀请，2023年2月22日。刘兰芳老师乘坐国航16点的飞机前往深圳。

为什么说是百般邀请呢？因为此时，刘兰芳正在忙着录书，160集，80万字。每天最少需要修改、熟悉1.5万字的稿子，然后录播两个小时。这样紧张的工作节奏已经进行一个多月的时间了。

向来有"拼命三郎"之称的刘兰芳，每次接到新任务都是这样，抓紧时间，争取尽早完成，否则心不安宁。

这次录制长篇评书，刘兰芳从开始就抓紧一切时间，看稿、修稿、熟悉稿子、录制评书，争取在最短的时间保质保量完成评书的录制工作。

因此，刘老师接到去深圳演出的邀请，完全是为了扶持基层的曲艺活动，也为了支持小字辈的工作，尤其是架不住徒孙赵梓琳的苦苦请求，说有刘兰芳参加演出，这台节目就上档次、升规格了。

出发当天，我早早来到首都机场T3航站楼，已经接近3点了，还没有看见刘老师的车影，我不禁着急起来。航班起飞前45分钟就不办理登记手续了，可就在我急不可耐时，刘老师的车来到眼前。等我们办好手续，安检、登机，时间把控得恰到好处，没有一点浪费。

走南闯北、经验丰富的刘老师心中有底，做事不慌。就在出发当天的上午，照旧又去录音棚录制两个多小时的评书，结束后，已经是中午时分了，才回家，吃饭、准备物品、赶飞机，这时间安排是多么紧凑哇！

这不，演出结束，也没休息，连夜返京，为了第二天录制节目，在返京的飞机上看稿子，又是近两万字！

刘兰芳为什么这样拼命？

从艺几十年，刘老师一直这样严格要求自己，这样抓紧时间拼命学习、

工作、付出。这有对曲艺事业的热爱，对传承中华曲艺文化的责任，也有对自己从小刻苦学习、培养成的本领的珍惜。

这次由厚街镇等单位主办的《鳌台故事会》生动演绎了一幅厚街道德模范的画像。节目表现的内容基本来源于厚街的好人好事。曲艺说唱、故事小品等节目带给观众全新的感受，寓教于乐在这里体现得淋漓尽致。

刘兰芳表演的评书《大孝唯忠》，讲述全国道德模范、共和国勋章获得者黄旭华的感人故事。刘老师表演得铿锵有力、扣人心弦，充满激情的表演打动了在场的每一个人。应观众的热情要求，刘兰芳又满怀激情地为大家朗诵了岳飞的诗篇《满江红》，把演出气氛推向高潮。

刘兰芳充分肯定了厚街举办的故事会。她说："厚街举办《鳌台故事会》非常好。讲故事，这是习近平总书记多次提出的，是人们喜闻乐见的传播方式。讲故事也是传承中国文化；讲故事，讲中国历史，激励后人，继承革命意志，继续努力，为中华民族两个振兴服务！"

2023年2月

马街书会情怀

时刻关心曲艺事业发展，时刻为民间文艺传承而呕心沥血的刘兰芳，在与宝丰县领导交流时说："2023年的马街书会一定要举办，这一有着千年历史的民间艺术活动已经停办3年了，曲艺人翘首期盼着马街书会……"

在刘兰芳的积极倡导、督促下，在当地政府全力支持下，经过紧张的筹备，终于在2023年正月十三，正日子，马街书会开腔啦！刘兰芳偕同中国快板艺术委员会副会长、快板表演艺术家王印权，著名军旅曲艺编导王岩等有关人员亲自赴会，这是刘兰芳在40年中第十九次来到马街书会了。

刘兰芳说道："我对马街书会太有感情了，马街书会是曲艺艺人的家，马街书会的兴旺发展是曲艺界的骄傲。"1981年刘兰芳在中国曲艺家协会主席陶钝的邀请下，第一次来到马街书会，就受到乡亲们和民间艺人的热烈欢迎和盛情款待。那时刘兰芳的评书《岳飞传》刚刚播放不久，引起全国亿万人的轰动。当马街书会的乡亲们知道刘兰芳要来马街，都想在会上一饱眼福，看看心中喜爱的评书演员刘兰芳。数万人把刘兰芳围得水泄不通。陶老看到此景，即兴写出诗句"马街竞艺溯源长，负鼓携琴汇现场；说古论今依旧事，万人空巷看兰芳"。从此刘兰芳与马街书会结下了不解之缘。马街书会在名人效应和各级领导的重视下，更加繁荣发展了。

一天能看千台戏，三天能看万卷书。每年的马街书会，来自全国各地的曲艺民间艺人，几十个曲种同时同场竞艺，尽其所能地展示各自的艺术才华。天当幕，地当台，艺人在会上亮书、写书，以艺会友，切磋技艺，乐此不疲，马街书会充分显示出独特的中国民间文化特色，被誉为中国曲艺十大景观之一，马街书会所在的宝丰县被誉为中国曲艺之乡。

刘兰芳说："过去马街书会没人组织，是艺人们自发来的，展示才艺是一个目的，通过写书、亮书，有点收入。现在好了，各级政府给予足够的重视，投资相助；组织服务，协助艺人设书摊、亮书艺。马街一带的村民免费负责艺人的吃住，是曲艺界的一大幸事呀！"

这次，风尘仆仆的刘兰芳来到马街书会，没有休息，先参加了马街书会"曲艺培训学校揭牌暨说唱艺术团"成立大会。为了培养后继人才，企业家王凯在当地政府的支持下投资500多万元，建成2000多平方米的培训学校，为中国曲艺事业的发展，做出贡献。相信，经过艺术培训，一定会从这里走出更多的曲艺新秀。

看望走访马街艺人之家，也是这次刘兰芳马街书会之行的内容之一。

马街素有"无君子不养艺人"之说。马街书会之所以延续近千年历史，因为每个历史时期，都有一些人心甘情愿为曲艺艺人热心服务。这次走访的

张亚辉和张满堂,就是众多热心人的代表。

在张亚辉家,刘兰芳认真听取孩子们集体演唱的河南坠子,并给予亲切的鼓励。

张满堂为了接待艺人,专门盖了一批简易房,免费提供给从全国各地赶会来的艺人们。家境不是太富裕的他,还自己拿钱办起了"马街说书研究会"和"曲艺擂台赛",目的是给大家提供一个长期交流的平台。利用擂台赛团结说书人,提高说书水平,充分显示了中华民族淳朴、善良的优秀品质。刘兰芳来到后,充分肯定了张满堂的付出。在张满堂的擂台上,在场观众请刘兰芳说一段,刘老师高兴地满足了大家的要求。

今天,马街书会又让刘兰芳感动的是,已经19次赶场马街书会了,短短的几天时间里,参加了多种活动,还不顾年龄大,进行了3场演出,每次观看演出的人还是那么里三层外三层的,为了维持会场秩序,不得不动用保安的力量,保证人群的安全。

在马街书会,刘兰芳还不忘观看书会上展示的各种商品。逛这种最接地气的市场,是刘兰芳非常喜欢的。几乎每次她必买无疑,倒不是自己需要,更多的是为了支持当地乡亲们的经营活动。有很多物品,她买完转手就送给了别人。这次刘老师购买了她喜欢的汝瓷小艺人的塑像,还买了演唱河南坠

子的道具。

　　来到马街书会，自然抽时间也要回"家"看看。在刘兰芳艺术馆里，听到小学生的讲解，刘老师大加赞扬这个虎头虎脑的小男孩，讲解的声音洪亮，语义表达清楚，情感丰富。关心下一代成长永远是刘兰芳心中要事，时时惦记着接班人的培养，惦记着曲艺艺术的传承和发展。

　　曾经是全国政协委员的刘兰芳多次在全国政协会议上建言献策，宣传马街书会，引起各方代表的关注。20多次参与马街书会的各项活动，调研马街书会传承和发展的方向，刘兰芳对马街书会的发展起到了推动和促进作用。

　　在书会期间，每每回到酒店，刘兰芳都久久不能入睡，心中想着热情、善良的宝丰人民，如何经济发展，生活改善；想着来赶会的曲艺艺人，能否把书卖出去，有所收获；想着如何培养曲艺新人，使曲艺事业人才不断涌现；想着马街书会这个历史悠久的民间文化如何更好地传承、发展。作为中国曲艺界的老领导、老艺术家，刘兰芳早把这些视为己任，时时在思考、在关注、在研究、在奉献！

　　刘兰芳深深的马街情怀山高水长……

2023年2月16日

有惊无险的广西之行

刘兰芳应中国文联、中国曲艺家协会的邀请,参加第八届全国道德模范故事会基层巡讲走进广西钦州。

从第一届全国道德模范巡演到如今,近20年来(每两年一届,外加3年疫情),为了生动宣传全国道德模范的感人事迹和崇高品德,大力弘扬社会主义核心价值观,由中国文联、中国曲艺家协会联合主办的全国道德模范巡演,刘兰芳已经连续参演了八届200多场,走遍了祖国的20多个省级行政区,近百个城市的山山水水,足迹踏遍了祖国大地。

视艺术为生命的刘兰芳常说:"这么多年,在舞台上,我之所以不衰,还受欢迎,就是我一直在抓紧时间学习,不断创作,出新作品。"在全国道德模范巡讲的里程上一路走来,刘兰芳奉献了多部脍炙人口的优秀评书和道德模范先进故事,为全国精神文明的建设奉献自己的力量!

当全国第八届道德模范评选人物揭晓时,刘兰芳深深地被新疆道德模范、全国人大代表,抢救少年英勇献身的护边员拉齐尼·巴依卡的事迹感动,不顾年龄大、身体不适等困难,立即组织、创作了道德模范评书故事《草原雄鹰——拉齐尼·巴依卡》。几次巡演,刘兰芳激情饱满、满含热泪的表演打动了在场的每一个人。刘兰芳自己也被拉齐尼的英雄事迹感动得时常落泪，生动演绎了道德模范振奋人心的感人事迹，讴歌了道德模范的高尚情操，激励人们崇德向善、见贤思齐。

熟悉刘兰芳的人都知道，刘兰芳一向把时间安排得满满的，从不浪费一点时间。这次出行我们是乘坐3月6日晚上7点30分的航班，去广西南宁，然后再乘车一个半小时到达位于广西南边的钦州。这么路途遥远的外出活动，刘兰芳在6日的上午依旧去录音棚录制了两个多小时的评书《水浒传》，下午1点又去位于北京昌平的回龙观实验育新学校，参加由中国民间文艺家协会举办的民间文化进校园活动，而后准备从学校直接到机场飞广西。

由于去机场的时间赶在下班高峰期，堵车成了大问题。司机小党心急如火，不断变换车道，寻找去机场的最佳路线，刘兰芳老师则不慌不忙地安慰说："不要着急，注意安全。"刘老师总是善解人意，为他人着想。

终于看见首都机场的航站楼，由于我们是从地下停车场到地面，不熟悉进站的路线。小党送我们进去。此时，我感觉时间太紧了，就说我先跑吧，得到他们的认可，我背着自己的双肩包和刘老师的挎包，便跑了起来。一刻也不敢停，好在这个地方我还熟悉，知道进站的路线。年龄70多岁的我，马不停蹄地跑了100多米，多亏平时我有体能锻炼的意识，所以跑起来没有任何障碍。进入候机大厅，安检员让我例行检查，我说来不及了，他们一挥手放行我进去。在得知海航头等舱办理登机卡的位置，我径直跑了过去。我急忙拿出刘老师和我的身份证办理登机手续。等一切办理完，空乘人员说，距离停止办理登机还

有两分钟时间。这时，乘务员问有行李托运吗，我说有，还没有到。我又跑出去，喊："小党……"实际这时，近视眼的我什么也看不见，不过看见一个人推着行李车跑过来，正好是小党！我告诉他在哪办托运……等一切办理好后，我们都松了一口气。太紧张了！配合默契！接下来在海航工作人员的带领下，我陪同刘老师直接登机了。真是有惊无险的两分钟！

刘老师则安慰我们说，没事，不行就改签。

钦州的全国道德模范巡演，刘兰芳又一次出色完成。第二天上午，当地领导组织我们参观钦州古城。刘老师说她走遍了祖国的各地，但钦州还是第一次来。

钦州位于广西的南部沿海，北部湾北部。钦州市是岭南文化、"广府文化"重要兴盛地、传承地之一，有1400多年的历史，是个古城。在钦州保留的刘永福纪念馆，占地2.2万平方米，非常壮观。刘永福是清末民初著名爱国将领，他曾抗击法国侵略者，是位受人敬仰的民族英雄。刘永福的旧居保存非常完整，如今已经成为爱国主义教育基地。我们在这里还观看当地表演的少数民族舞蹈等节目。刘兰芳老师也上台即兴为大家朗诵了岳飞的《满江红》，受到在座的各位好评。

钦州之行深深留在我的记忆中……

2023年3月

代后记：我给刘兰芳当助理

我人生最幸运的事情之一，就是被全国著名评书表演艺术家刘兰芳选中，当她的助理，让我有机会目睹了刘兰芳老师生活中的点点滴滴……

一

几天前，北京天气连降大雨，造成首都机场多次航班延误或被取消。我们准备乘坐的国航CA1105次航班也不例外，被告知无限期延误……

这次，作为助理的我，跟随刘兰芳老师应《孝行天下　百城巡演》节目组的邀请，去呼和浩特参加公益演出。

由于误机，贵宾室休息的人很多，好不容易找到两个空位，我们分别在各自的座位上候机。

机场的广播在不停地报告航班延误或被取消的信息，显得很吵。

贵宾室候机的人越聚越多，一眼望去满满的，玩手机的、聊天的或品尝小吃的。由于人多，用品多，服务员不停地添加食品，来来往往，显得很乱。

我坐在自己的位置上，用目光寻找刘老师，看她在做什么。让人想不到的是，在这种嘈杂的环境里，在机场的一个角落，刘兰芳老师在埋头看稿子，形成一道亮丽的风景，非常显眼！

我边看手机,边不时地远望刘老师,每次望去,刘老师就像雕塑一样,都在聚精会神地看稿子。

时间流逝,转眼五六个小时过去了,这么长时间里不受外界干扰,一直看书稿,这样专注、这样用心,需要多么强的定力和事业心才能做到哇!

我禁不住走过去,刘老师这才抬头,放松地喘了口气说:"4集《彭大将军》的评书稿终于看完了。你知道吗,这评书稿子一集有5000多字,每集最少要看4遍,第一遍熟悉,第二遍修改,第三遍细改,第四遍心里默背,有时稿子不太理想,那就不知道需要看多少遍……不容易呀。"

我在心里暗暗计算了一笔账,《彭德怀大将军》这部评书一共是66集,这样就需要看140多万字的书稿,多大的劳动量啊!可见,当我们听到评书,获得艺术享受时,艺术家背后付出的辛苦是无人知晓的。

记得前不久,我们连续几天在外地参加活动回到北京,走出首都机场时,我说:"刘老师,这下你到家可好好休息休息吧。"刘老师马上说:"哪啊,今晚回家还需要改稿子,最早到半夜12点,明天早晨5点钟我就要起来背稿子,7点从家里出发到电台录音……"

刘老师就是这样抓紧一切时间，挤出一切时间，进行评书创作，刘老师曾经很随意地对我说："家里的电视一个月一个月地不开，根本没有时间看！"

有一次，我到刘老师家，看见她爱人王印权先生拿出整理好的厚厚的一摞评书稿子给我看。每一集都打印、装订好了，说随时到电台录音……

我们都知道，刘兰芳老师曾任中国文联副主席、中国曲艺家协会主席。在她任职期间，曾举办了两届全国曲艺节、5次相声小品大赛、两次鼓曲大赛，2004年还承办了"国际曲艺节"。这些活动的举办，促进了曲艺艺术的交流发展，繁荣了曲艺文化，为传承发展中国曲艺做出了很大的贡献。

但是，在竭力为曲艺事业服务的繁忙公务中，刘兰芳老师牢记说书是自己的根本，所以，她坚定一个信念：自己不管多忙，每年最少都要录制一部新书！

为此，她充分利用春节、"五一""十一"等几个长假和王老师一起写书，利用周末及平时的业余时间写稿、录像、录音。在她担任要职期间充分挤出个人休息时间，完成了11部大书的录制。

60年来，作为一位德艺双馨的艺术名家，刘兰芳始终坚持演出"节目质量第一、社会责任至上"的原则，曲艺事业笔耕不辍、创新不断、殚精竭虑。

刘兰芳老师表演评书，声音洪亮，神定气足，干练中透着豪迈，铿锵中伴着潇洒。尤其高亢嘹亮的声音表现，特别有鼓动性，给人艺术享受，给人激励、鼓舞！

跟随刘老师，更能深切体会到刘老师的名气有多大，人民对刘老师感情有多深！

每次演出，我都被刘老师的激情所感染，情不自禁地对刘老师赞不绝口，观众更是掌声雷动，久久不愿离去。

在刘老师身边，常常看到人们争先恐后地对刘老师说"当年我是听你评书长大的""我爸爸妈妈最喜欢你的评书了""我们放学都是跑着，宁肯回家不吃饭，听12点的评书""评书《岳飞传》救活了很多无线电收音机厂""播《岳飞传》时，社会治安好了，犯罪的少了……"

刘老师的评书《岳飞传》等影响了几代人，开创了评书艺术的前所未有的辉煌，成为当代中国曲艺艺术表演的一座高峰。

刘老师非常谦虚、低调。她把功劳归功于党的培养，归功于新社会，归功于改革开放的新时代，我常常听刘老师说的话："党和国家对我不薄，感恩！……"

刘老师工作60年，录制了将近60部评书。有很多部评书，一部书就在100集以上，最多一部评书200集。这样具体统计起来，数目不可想象。从中，我们真真切切看到，评书是刘老师的生命。她用一生去书写、传承！

今年6月底，刘老师正式从工作岗位上退休了，74岁的年龄。然而，在

刚刚退休的一个月时间，除去参加各项活动，刘老师用20天左右的时间，昼夜兼程，加班加点，录完了60集的评书《彭大将军》，为曲艺艺术繁荣发展又奉献出新篇章！

据我所知，目前，刘老师还有两部大书准备录制。

刘老师的评书艺术如陀螺一样，停不下来，真是生命不息，说书不止！

二

公益演出，是刘老师非常热衷的事情，只要有这样的活动，只要时间允许，刘老师欣然前往，全身心投入。

2018年1月1日，元旦，家家都在祥和团圆、迎接新年，刘老师却不顾天气寒冷，应邀来到长春公主岭做公益演出。

公主岭也是演员李玉刚的家乡，刘兰芳、李玉刚等一行艺术家不但为当地农民演出，还到老百姓家一起包饺子过年，下午又到养老院给孤寡老人演出。

在养老院院子里，属于即兴演出，大多演员很随意地表演，但是老艺术家刘兰芳老师对自己要求非常严格，不怕寒冷和麻烦，换上正式演出服为老人演出，受到老人们的欢迎。

刘老师每到一地，抓住一切机会了解当地的风土人情及历史逸事，"当地最著名的建筑是什么？最繁华的街道是哪里？经济发展如何？支撑产业是什么？有什么历史典故？有什么特产和小吃？"往往很随意的问话，最后都变成刘老师和观众互动的台词。由于说的是当地老百姓最熟悉的自己家乡的事，笑声、掌声响成一片，特别受观众欢迎。

刘老师舞台上的即兴发挥、演讲，堪称一绝！刘老师真是时时处处在进行艺术创作！

每每到这时，我都站在舞台边，沉浸在那些亲切、友好、温暖、祥和的与观众交流的快乐中……

前些日子，由中央文明办、中国文联联合举办，中国曲艺家协会承办的第六届全国道德模范演讲公益演出。刘兰芳老师作为中国曲艺家协会的顾问、领导，身先士卒，亲自担当《大孝唯忠》中国核潜艇之父黄旭华先进事迹的演讲。

这个讲稿有5000多字，半个月后就要审查。稿子拿到手后，刘老师每天早晨起来就背。那时，我看见，在外出的飞机上、动车上，行进的汽车中，只要有一点点空闲时间，刘老师都在背诵稿子。有时饭后散步，刘老师也背给我听，她说每天最少要背诵10遍。让我感到非常惊讶，而且刘老师说，她背诵时常常被主人公的先进事迹感动得落泪……

这样投入，这样刻苦，这样的敬业精神，才成为今天全国人民喜爱的艺术家！

三

培养曲艺人才，关心下一代人的成长，是刘老师生活中非常重要的一个亮点。

刘老师说："传承是最好的发展。要发展，就需要代代人的不断传承。评书艺术有千年历史，传承到今天不容易。""仁、义、礼、智、信，是中华民族的优秀传统，都蕴含在评书艺术中，以评书这种艺术形式，讲好中国故事，传承优秀的民族文化，弘扬中华民族的传统美德，是我们每一位艺术家的重要责任。"

刘老师常说："培养人才，这是自己家里的事，一定做好……"

河北省少年曲艺大赛颁奖、全国青少年的比赛活动启动、河北省曲艺团重新组建、侯宝林诞辰100周年座谈会、北京朝阳三里屯艺术节开幕等等，每到这时，刘老师对自己家的事，非常重视。对那些可爱的小演员，寄托无限的希望，亲自指导。

我看见刘老师不定时地对自己的学生进行业务上的指导，有时在饭桌上，在宾馆等，只有机会就让学生说唱一段，表演一个，进行曲艺艺术展示，然后刘老师现场实地教学。而且，只要和曲艺艺术沾边的事，刘老师都热心指导。

有一次，我们去安徽金寨，参观了当地岳家人举办的岳飞展览馆。当听

说家里有位老人喜欢唱西河大鼓，刘老师当即让人请来，听这位年近80岁老人演唱，并给予肯定和指导，然后自己拿起道具也唱了起来。

我们到舒城演出，遇到来自安徽亳州刘老师的学生，在饭桌上，刘老师让她唱一段，然后也不吃饭了，起身演唱，示范教学。

刘老师嗓音非常好，我经常听到刘老师演唱，包括一些京剧唱段。刘老师说，她曾经在中国文联联欢会上反串演唱京剧《沙家浜》中的胡传魁，冯巩京胡伴奏，引起了轰动。由于担任了当中国文联和中国曲协领导，刘老师对各个艺术门类都学习、钻研、了解、熟悉，对曲艺艺术、各种曲种，都了如指掌。

有一次看见后场演员手拿快板，刘老师也打起了快板，并指导演员要注意说好台词，要练习嘴皮子功夫和发声的基本功，才能说好台词。

刘老师走到哪里，就教授到哪里。她把这些都作为自己应尽的责任，关心每一位演员的成长。刘老师在指导别人时，也在进行自我的基本功训练，让艺术青春永驻。

河南省是曲艺大省，对曲艺艺术非常热爱，有雄厚的群众根基。河南人对刘兰芳老师更是非常敬重。

1981年2月，刘兰芳与时任中国文联、中国曲协的领导陶钝来到河南宝丰马街书会，人山人海、盛况空前。陶钝先生即兴赋诗一首："马街竞艺渊源长，负鼓携琴汇现场。说古论今依旧事，万人空巷看兰芳！"

38年来，刘兰芳老师先后15次到马街说书献艺，促进宝丰马街书会繁荣兴盛。

　　河南宝丰县政府建立了刘兰芳艺术馆，占地26亩。艺术馆整体布局是典型的中国北方四合院落格局，整个建筑古香古色，非常宏伟、壮观。在艺术馆正门口，伫立等身高的刘兰芳大理石塑像。我很高兴邀请刘兰芳老师在艺术馆门前合影留念。

　　刘老师把自己家里的很多创作手稿、字画、曾经播出的评书的音像制品等上万件拿出来，放在艺术馆里。还多次到艺术馆讲课、指导，培养人才。

　　在艺术馆里，有一对双胞胎姐妹，一个拉弦一个唱河南坠子，是刘老师的徒孙。为培养她们，刘老师不但经常指教，还特别关心她们的成长，把她们安置在馆里成为拿工资的正式馆员，解决了她们生活上的后顾之忧，让她们全身心投入曲艺创作，用更多精力提高曲艺功力。

　　那次，方圆几百里的河南老百姓听说刘兰芳来了，从四面八方来到艺术馆，像过节一样，刘兰芳艺术馆集聚了满满一屋子人，听刘老师讲课，看刘老师演出。整整一天下来，刘老师非常劳累辛苦，回到宾馆，已经半夜11点多了，可我看见刘老师还在给两个小徒孙讲课……刘老师为培养新人、培养学生及培养各类曲艺人才，传承曲艺艺术真是费尽心思，呕心沥血！

　　刘老师曾经在全国政协会议上多次提案，如何传承和发展评书艺术。曾提出开设电视频道讲评书、开设中小学课程教评书以及评书进校园、进胡同、进社区等提案（在部分城市、县区，评书已经走进了课堂和社区），使评书这个中华民族的瑰宝世代相传、永放光芒！

四

身居要职的刘老师，时时把党中央的指示牢记心中，严于律己，时时处处自觉严格要求自己。

今年的夏天异常炎热，每次演出后，刘老师浑身上下、从里到外，衣服全都被汗水湿透了，粘在身上特别难受。这时，多么想尽快换下演出服，喝口水休息一下。

但，刘老师是全国著名表演艺术家，是观众喜欢热爱的演员，能同刘兰芳老师合影留念是最大的荣幸，所以刘老师常常在演出后，被观众团团围住，要求拍照。每到这时，我想给刘老师解围，可刘老师暗暗地向我摆手，微笑地满足大家的要求。这种平易近人的谦和作风非常让人敬佩！

山东省夏津县有位企业家，花了5000万元，从南方移置来一个明代的古戏台。有关领导抓紧时机赶在公益演出时，安装好戏台请刘老师到这里演出。刘兰芳上下参观后对有关人员说，这戏台是个古物，需要保存好。如果在这里蹦蹦跳跳演出，过不了多久，这个戏台就报销了，就再也找不到了。应该作为文物保存起来，你们同当地政府商量一下，拿出个保护方案……

在安徽阜阳，当地组织我们去参观一个省级的非物质文化遗产制陶厂。刘老师看后对省非物质文化遗产传承人建议说，不能光靠政府投资来保护遗产，要动脑筋创新、开发，要和市场接轨，制作一些人们喜爱的和老百姓生活有关联的实用的新产品，打开销路，争取资金，做好文化遗产的保护……

就这样，每到一地，根据当时实际情况，弘扬正能量，把党和国家的文化事业的发展作为己任，时时处处关心指导着，提出自己的合理化建议，使各地的文化事业健康发展，让在座的人佩服得不停地点头赞赏。我感到刘老师在各个领域，几乎没有她不懂、不会的。

刘老师是德高望重的名家、领导，可待人特别谦和，特别有亲和力，不但对每一位艺术工作者和蔼可亲尽力帮助他们，对身边的百姓也心里时时挂念着……

我们曾到江苏东湖参加当地的一个活动。东湖是著名的水晶之乡。我们参观了水晶博物馆后来到了水晶交易市场。在一个店铺里，看到很多水晶碎石，五彩缤纷的非常好看。刘老师对售货员说，买一些，给院里退休的老同事们当手把件，很好。

这让我想起了20世纪80年代，刘老师那时是鞍山文化局领导，兼任鞍山文联副主席。她到日本考察回来，给我们文联每个女同志买了一双长腿丝线袜，在那个年代这可是个稀罕物。

每到外地，各地司机接送我们，也是正常工作，可刘老师看到司机开车非常辛苦，过意不去，经常送给司机小礼物表示感谢。

有一次在长春，我们需要赶时间去车站，送我们的小车已经开出宾馆一段路了，刘老师让司机掉头回宾馆。原来她想起手中还有一盘《岳飞传》的磁带，要送给负责接待我们的人。

每次到各地演出，艺术家们聚集一起，只要看见刘老师，都热情地围前围后，刘兰芳以自己博大精湛的评书艺术，以自己优秀的人格魅力，成为全国人民爱戴的德艺双馨的艺术家！

番茄
FANQIE

让 好 故 事 影 响 更 多 人

总顾问：戴一波

总监制：孙毅

出版策划：赵月

营销发行支持：侯庆恩